Paul Sacher

Jürg Erni

Paul Sacher
Musiker und Mäzen

Aufzeichnungen und Notizen zu Leben und Werk

Schwabe & Co. AG · Basel

Umschlag:
Paul Sacher während einer «Session» zur Aufzeichnung der «Erinnerungen» im Haus «Auf Burg» am Basler Münsterplatz im Januar 1998. Foto Kurt Wyss

Umschlagsinnenseiten vorne und hinten:
Skizzen aus «Concerto en ré» (1946) von Igor Strawinsky. Sammlung Paul Sacher in der Paul Sacher Stiftung

Seite 2:
Nach dem BKO-Konzert vom 4. Juni 1980 mit dem Basler Schlagzeug-Ensemble. Foto Niggi Bräuning

Lektorat: David Marc Hoffmann
Gestaltung: Gruner & Brenneisen AG, Basel
Gesamtherstellung: Schwabe & Co. AG, Verlag & Druckerei, Basel/Muttenz
Printed in Switzerland
ISBN 3-7965-1096-5

Inhaltsverzeichnis

Jürg Erni: Notizen zu Persönlichkeit und Wirken des Dirigenten, Mäzens und Gründervaters Paul Sacher

Paul Sacher: Aufsätze 1927–1991

Anhang

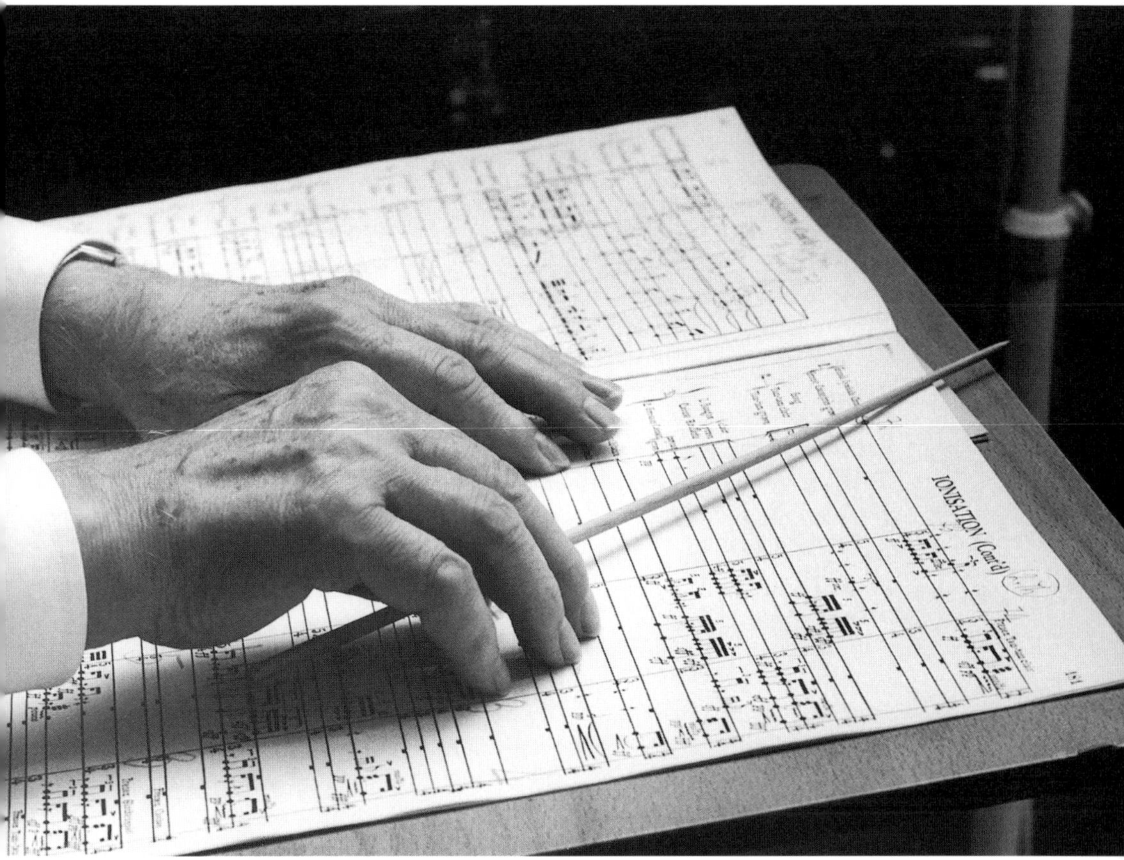

Beim Konzert zum 30jährigen Bestehen des Basler Schlagzeug-Ensembles vom 9. November 1997. Foto Kurt Wyss

Vorwort

Paul Sacher kenne ich seit nunmehr vierzig Jahren. Als Gymnasiast ging ich in die Konzerte des Basler Kammerorchesters (BKO). Ich hörte erstmals Strawinsky und Honegger, später Kagel und Boulez. Es waren erste Begegnungen auf heimatlichem Podium mit den auch persönlich anwesenden Komponisten. In der Basler Gesellschaft, dem «Daig», gehörte es zum guten Ton, die freitäglichen Konzerte des «Kammero» zu besuchen. Eine Sacher-Gemeinde hatte sich im Konzertsaal gebildet. Man zeigte sich aufgeschlossen allem Neuen gegenüber, lächelte verständnisvoll milde, wenn spektakuläre Auftritte das nüchterne Konzertritual auflockerten, wenn etwa Heinz Holliger auf seiner Oboe ganz unbarocke Töne aus dem Kehlkopf produzierte oder wenn ungewohnt elektronische Klänge aus allen Ecken des hehren Musiksaals die Ohren überfluteten.

Später sass ich wiederum in den BKO-Konzerten, diesmal ex officio, um mit den Ohren des Musikkritikers vom Balkon rechts hinunter die Szene zu beobachten und hernach zu beschreiben. Paul Sacher machte es dem Rezensenten nicht leicht. Seine Interpretationen evozierten keine prallen Bilder. Sein Dirigieren wahrte eine gewisse kühle Distanz. Man musste um den angemessenen Ausdruck ringen. Er schien das abwägende, nicht immer nur schonungsvoll schützende Urteil zu schätzen. Im persönlichen Gespräch stellte Sacher stets gezielte Fragen zur Sache und zur Person, ein scharfer Beobachter nicht nur der engsten Umgebung. Ein Neujahrsbüchlein der Basler Zeitung über Sachers Basler Wirken war eine erste Annäherung an ein Phänomen, das nur zu gerne mit Adjektiven wie «reich und mächtig» ins Gebiet des Unerreichbaren entrückt wird. Sacher sorgte bis ins hohe Alter dafür, dass die Artikel zu runden Geburtstagen immer wieder von neuen Taten des unermüdlichen Unternehmers berichten konnten.

Zum 90. Geburtstag wurden in einem längeren Radio-Porträt die mehrfachen Anfänge von Sachers Pioniertaten angesprochen. Bei dieser Gelegenheit wurde mir klar, dass seine Erinnerungen einmal in Buchform erscheinen sollten. Über sein Werk und Wirken berichten die Jubiläumsschriften des Basler Kammerorchesters und des Collegium Musicum Zürich, über die Person Sacher, seine Tätigkeiten auch als

Einfluss nehmendes Mitglied des Roche-Verwaltungsrats, als Vorstand und Präsident von kulturellen Stiftungen und Verbänden, gab es nur in Aufsätzen verstreute Informationen. Der private Bereich in Sachers bewegtem Leben blieb weitgehend ausgespart. Erst nach mehreren, beharrlichen Anfragen, die eigene Vita in Gesprächen mit Tonbandaufzeichnung zu dokumentieren, willigte Sacher ein. In wöchentlichen Sessionen während eines ganzen Jahres lüftete Sacher die Geheimnisse seines Lebens, erzählte von seinem «Gradus ad parnassum» als Interpret, Anreger, Förderer und Mäzen. Je genauer die Fragen, desto genauer seine Erinnerungen und Auskünfte. Antworten, die erst durch das gegenseitige Vertrauen möglich wurden.

Paul Sachers «Erinnerungen» im Originalton werden ergänzt durch meine «Notizen», in denen ich die Ereignisse und Fakten in seinem Leben etwas fortzuschreiben versuche. Dass damit die Bedeutung des Jahrhundertmäzens, der Stifterfigur oder des Geburtshelfers der neuen Musik – mit welcher Funktion Sacher auch immer bezeichnet werden mag – keineswegs umfassend und auch in kritischer Distanz gewürdigt ist, liegt auf der Hand. Der Stifter hinterlässt über 200 Werke, die er in Uraufführungen aus der Taufe gehoben hat, und lässt in der Paul Sacher Stiftung die Bilder und Schriften der Musik des 20. Jahrhunderts sammeln, archivieren und erforschen. Damit rettet er die Vorlagen unversehrt ins dritte Jahrtausend hinüber, so dass die Nachkommen auf die – auch optisch ihre Herkunft und ihren Stil verratenden – Schriften immer wieder zurückgreifen und durch das Studium der Quellen die Musik zu neuem Leben erwecken können.

Basel, im Januar 1999 Jürg Erni

Paul Sacher

Erinnerungen aus einem erfüllten Leben

nach Tonbandprotokollen,
redigiert von Jürg Erni

Familiäres

Elternhaus und Jugend

Ich wundere mich manchmal über mich selbst, was ich alles zu vergessen imstande bin. Das Vergessen ist eine nützliche und in gewissem Sinne sogar bedeutende Eigenschaft. Wenn man nicht belastet ist durch allzu deutliche Erinnerungen, wird Raum geschaffen für Neues. Begebenheiten, von denen man annehmen sollte, dass sie mir selbstverständlich gegenwärtig sind, habe ich nicht nur nicht mehr präsent, ich kann sie auch nicht mehr aus der Vergessenheit herausholen. Das ist für mich einerseits beängstigend, weil ich mir sage, das müsste ich doch alles ganz genau wissen. Andererseits erinnere ich mich an gewisse Details sehr genau. Meine Erinnerungen sind auch meistens an Personen gebunden.

Meine Eltern wohnten an der Birmannsgasse 28 in Basel im 2. Stock. Das Haus ist mittlerweile abgerissen. Mein Vater hiess August Sacher (1879–1965), meine Mutter Anna Dürr (1877–1970). Sie stammte aus einer Bauernfamilie in Pratteln, die neben ihrem Hof im Dorf auch ein Wirtshaus besass. Mein Grossvater Friedrich Dürr war ein Mordskerl, ein schöner, grosser Mann, ein Macho, und meine Grossmutter war eine feingliedrige Frau. Sie hatten eine Tochter und zwei Söhne. Das waren auch Mordskerle. Für ihre drei Männer füllte die Grossmutter jeweils eigenhändig die Stimm- und Wahlzettel aus und sagte dann: «So Buebe, jetzt könnet er go stimme!» Meine Mutter war Damenschneiderin, fand Geschmack an schönen Dingen und strebte nach Höherem. Sie war sehr grosszügig und nahm nach dem Tod ihrer Schwiegermutter ihre Schwägerin und ihren Schwager in die Familie auf. Sie war mir ein Vorbild, wenn sie freimütig bekannte: «Was man können muss, das kann man!» Sie hatte auch sonst im Hause das Sagen. So erlebte ich das Matriarchat im besten Sinne.

Mein Vater war aus ganz anderem Holz. Er stammte aus dem Aargau und war christkatholisch erzogen worden. Seine Jugend war entbehrungsreich, und er musste bereits als Kind, wenn die Mutter weg war, für seine beiden jüngeren Geschwister die Verantwortung übernehmen. Er absolvierte eine Lehre bei seiner Patin, Frau Schneider, in deren Speditionsgeschäft «Am Totentanz». Danach arbeitete er bei Danzas am

Paul Sacher als Sechsjähriger.
Paul Sacher mit seinen Eltern August und Anna Sacher-Dürr.

Holbeinplatz. Die Wanderjahre verbrachte er in Frankreich. Als er um die Hand meiner Mutter anhielt, war er nicht der einzige Bewerber. Sie gab ihm das Jawort unter zwei Bedingungen: dass er ihr das Geld zur Verwaltung und die Kinder zur Erziehung überlasse. Das war meinem Vater gerade recht; denn er brachte wohl das Geld nach Hause, kümmerte sich aber wenig um häusliche Dinge, sondern ging jeden Abend aus: zum Billard- oder Kartenspiel, zum Turnen oder zum Singen. Er war ein guter Kunstturner und beherrschte noch mit achtzig Jahren den Überschlag aus dem Stand. In der Mitte seines Lebens (er war gegen fünfzig) erlebte er eine Bekehrung, wandte sich vom heiteren Lebensgenuss ab und wurde zu einem frommen Menschen, allerdings völlig frei von jeder Konvention, von jeder Kirche. Das war sein persönliches Bekenntnis und seine persönliche Religiosität. Er hatte eine enge Beziehung zu Gott. Im hohen Alter bekam er Schwierigkeiten mit der Blutzirkulation in den Beinen, und die verabreichten Injektionen bereiteten ihm Schmerzen. Da stand er eines Tages im Spital vom Bett auf und ging nach Hause. Meine Mutter war verzweifelt und sagte zu mir: «Du müsstest dich um deinen Vater kümmern.» Bei meinem Besuch meinte er: «Weisst du, es war dort sehr unangenehm, ich habe ja einen besseren Doktor», und zeigte gen Himmel. Ich erwiderte: «Das verstehe ich gut. Aber der liebe Gott hat auf Erden auch seine Diener, die seinen Willen ausführen, und der Arzt, vor dem du weggelaufen bist, das ist so einer.» Darauf sagte er: «Ich bin sicher, das kommt von selber gut.» Es kam natürlich nicht von selber gut, und man musste ihm ein Bein abnehmen. Im Traum erschien ihm der Pfleger, den die Mutter für ihn aufbieten musste, in einer Rüstung. Mein Vater glaubte, er wolle ihm etwas antun. Darauf packte er den Pfleger an den Schultern und stiess ihn weg, so dass er hinfiel. Am Vorabend zu seinem 86. Geburtstag rief er mich zu sich und sagte gelassen: «Ja, ich war ein dummer Mensch, ich hätte das nicht tun sollen.» In dieser Nacht starb er im Schlaf. Der Mann in der Rüstung war der Tod, der Komtur, den er weggestossen hatte. Das war ein schöner, ein sehr männlicher Tod, und ich hätte meinen Vater darum beneiden können.

Die Kinder meiner Grossmutter, mein Vater August, Onkel Fritz und Tante Adelheid hatten alle einen Beruf erlernt. Es ist die erstaunlichste Leistung meiner Grossmutter, dass sie mit den beschränkten Mitteln, mit ihrem selbstverdienten Geld, jedem Kind eine Ausbildung ermöglichte: Mein Vater absolvierte eine Spediteurlehre, mein Onkel eine Banklehre, und die Tante Adelheid wurde Giletmacherin, ein Beruf, den es heute nicht mehr gibt. Sie hat für gutbetuchte Herren wunderbare Gilets hergestellt. Sie hatte eine Liebe zu allem Schönen, zu Farben und Stoffen. Als ihre Mutter starb, war Tante Adelheid untröstlich, sie hatte ihre einzige Beziehung und ihren Halt verloren. Meine Mutter gab sich alle erdenkliche Mühe, sie in ihrer Trauer und Verzweiflung zu trösten. In einer Gewitternacht rannte Tante Adelheid weg und wurde nicht mehr gefunden. Sie hat sich gewiss in den Rhein gestürzt. – Es gibt in meiner Familie, wie wohl in vielen anderen Familien, etwas Helles, Lebensbejahendes, aber auch das Dunkle, zum Untergang sich Neigende.

Meine Mutter brachte meine sechs Jahre jüngere Schwester Nelly mit Hilfe einer Hebamme zu Hause zur Welt. Mein Grossvater sagte einst zur kleinen Nelly: «Wenn die Grossmutter stirbt, kommst du zu mir, sonst bin ich ganz allein.» Nach dem Tod der Grossmutter hat meine Schwester – sie war damals sechs Jahre alt – ihr Köfferchen gepackt, ist tatsächlich schnurstracks zum Grossvater gezogen und hat neben ihm im Ehebett geschlafen. Meine Mutter und ich haben nicht schlecht gestaunt. Zwischen den beiden Menschen, dem verschlossenen Grossvater und der kleinen Schwester, bestand lebenslang eine enge Verbindung.

Eines Tages bekam ich ein Täubchen in einem Käfig geschenkt. Ich erinnere mich noch genau, wie dieser Vogel gegurrt hat. Offensichtlich hat das Täubchen meine Schwester Nelly gestört. Darauf hat es mein Grossvater umgebracht, in der Pfanne gebraten, und meine Schwester hat es gegessen! Das hat mich sehr aufgewühlt. Im übrigen war meine Schwester sehr sanft, hilfreich, hatte aber einen harten Schädel. Wenn sie böse auf mich war, redete sie ein Jahr lang nicht mehr mit mir. Als ganz kleines Mädchen kletterte sie einmal auf einen Stuhl, rief mich und verabreichte mir eine Ohrfeige.

Nach der Maturität an der Töchterschule ging Nelly in die Krankenschwesternschule La Source in Lausanne. Im ersten Lehrjahr mussten die Mädchen vor allem Böden putzen. Für ein Praktikum kam meine Schwester an eine Klinik im Elsass, wo ziemlich patriarchalische Verhältnisse herrschten. Nelly sagte mir, der leitende Arzt schlafe mit den meisten Schwestern; zwar nicht mit ihr, weil sie es nicht wollte, aber auch mit ihrer Freundin. Die jungen Frauen mussten viel arbeiten. Während einer Nachtwache musste meine Schwester Wäsche bügeln, und einmal war sie so erschöpft, dass sie dabei einschlief. Die Brandmale an ihrem Arm sind bis heute sichtbar. Sie brach die Lehre ab und kehrte zum Grossvater zurück.

Meine Schwester heiratete – gegen den Willen von uns allen – Franz Gerhard, einen gebildeten, an Kunst interessierten Juristen und hochgeschätzten Gerichtsschreiber. Am Tag nach der Hochzeit verschwand er. Seine Freunde sagten nur: «Der ist sicher nach Paris gegangen. Am Montmartre hat er ein kleines Hotel.» Ich bat meine Frau um Verstärkung, und wir fuhren nach Paris. Er war hocherfreut über unsere

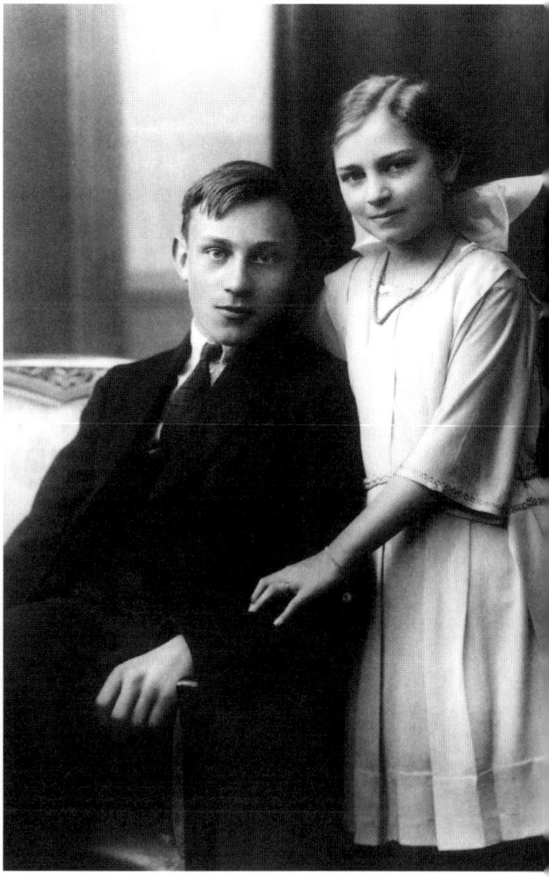

Paul Sacher mit Schwester Nelly Sacher.
Jugendbild von Paul und Nelly Sacher.

Ankunft und sagte: «Es ist schön, dass ihr kommt. Jetzt können wir eine angenehme Zeit zusammen in Paris verleben.» Ich musste ihm aber sagen, dass er sich soeben verheiratet habe mit einer jungen Frau und dass diese unglücklich sei. Da war er sehr erstaunt. Die Freiheit war für ihn ein selbstverständlicher Zustand, und es kam ihm nicht in den Sinn, sich für sein Tun und Lassen irgend jemandem gegenüber zu rechtfertigen. Nach einem Jahr waren sie geschieden. Einige Jahre später lernte meine Schwester den gebürtigen Schweizer Arzt Johann Rudolf Frey aus Chile kennen, dessen Grossvater der Bundesrat Emil Frey gewesen war. Meine Schwester sagte: «Das ist der Mann meines Lebens, den muss ich heiraten.» Dieser Schwager war ein sehr begabter Mensch, ein hochmusikalischer dazu. Er hatte ein absolutes Gehör und spielte hervorragend Klavier. Er litt aber an einer erblichen, unheilbaren Krankheit. Um in der Schweiz praktizieren zu können, hätte er das medizinische Staatsexamen nachholen müssen. So trat er in die wissenschaftliche Abteilung bei Hoffmann-La Roche ein. Er starb relativ jung, seither ist meine Schwester Witwe.

Es gibt eine frühe Erinnerung, die für mich sehr wichtig ist. In die Birmannsgasse mündet die Eulerstrasse. An der Kreuzung Eulerstrasse/Socinstrasse ging ich in den Kindergarten. Ich sass neben einem Mädchen – wir sassen auf Bänken, nicht auf Stühlen. Einst sagte die Lehrerin zu diesem Mädchen – ich war offenbar bleich und unansehnlich: «Muss dieses bleiche, geringe Büblein zuäusserst auf der Bank sitzen? Es könnte ja herunterfallen.» Da sagte meine kleine Nachbarin: «Ja, es muss, dann kann sich keine andere neben ihn setzen!» Das Mädchen hiess Sarah Bornstein. Es hatte rabenschwarzes Haar und schwarze Augen. Es brachte mir jeweils Matzen. Die ungesäuerten Brote schmeckten mir sehr. Einmal hat mich Sarah auch zum Laubhüttenfest in die Laubhütte ihrer Familie mitgenommen. In der Eulerstrasse wohnte auch die Familie Pellmont. Herr Pellmont war der erste Patissier in der damaligen Confiserie Bannier, die dann von den Pellmonts übernommen wurde. Der schmale Garten ihres Hauses mit dem Kiesweg spielte in meiner frühen Jugend eine wichtige Rolle. Ich kletterte immer auf Bäume und sinnierte dort stundenlang vor mich hin.

Mein Primarlehrer, Paul Gisler, sagte einmal zu meiner Mutter: «Wenn er wollte, könnte er der Beste sein.» Das hat mich damals tief gekränkt. Wie konnte ein Lehrer so etwas Dummes sagen? Ich ging doch nicht zur Schule, um etwas nicht zu wollen! – Ich habe mir sicher Mühe gegeben, und ich war eben nicht der Beste. Ich kam dann in die Untere Realschule, das Schulhaus in der Rittergasse. Ein ganz wichtiger Lehrer war unser Rektor, Julius Werder, ein Mordskerl mit einem riesigen Schlüsselbund. Wenn er hereinkam, hat er von der Türe aus mit sicherer Hand den Schlüsselbund auf sein Pult geworfen und gesagt: «Beten!» Dann musste man das Morgengebet sagen. Ausserdem prägte sich mir der Schreiblehrer Züst ein. Er hat meine schwungvolle Schrift gelobt.

Bildungsjahre

Als ich sechs Jahre alt war, sagte ich zu meiner Mutter: «Ich hätte gern eine Geige zu Weihnachten.» Ich habe die Geige bekommen, und man hat mich in die Geigenstunde geschickt. Mein erster Lehrer war Heinrich Kretlow, Geiger im Basler Orchester der Allgemeinen Musikgesellschaft (AMG). Er war ein sehr guter Lehrer, und ich kann mich genau an das Haus am Stadtrand erinnern, wohin ich jede Woche einmal in die Geigenstunde ging. Später hatte ich Unterricht bei Fritz Hirt. Er war Geigenlehrer am Konservatorium und Konzertmeister der AMG-Sinfoniekonzerte. Ein sehr gebildeter Mensch, ein hervorragender Lehrer und ein vorzüglicher Musiker. Beim Geigenspiel interessierte mich vor allem auch – obwohl das natürlich Wildwuchs war – das Improvisieren. Ich musste Etüden üben und bekam Gelegenheit, einfachere Bach-Sätze, ein Haydn-Konzert oder einen Satz von Mozart zu spielen. Ich musste meine Technik vervollkommnen. Aber ich kam immer wieder auf die Improvisation zurück. Sie bedeutete mir als klangliches Erlebnis viel. Und ich konnte durch sie etwas ausdrücken, was ich auf keine andere Weise hätte sagen können. Meine erste Geige besitze ich immer noch. Sie hat einen schönen Ton, auch wenn es kein Meisterinstrument ist. Auch die Märsche, die eine Harmoniemusik, eine Blechmusik spielte, fand ich immer ein aufregendes Erlebnis. Es liegt wohl nicht nur am rhythmischen Element, sondern auch daran, dass ein Funke auf die Zuhörer überspringt.

Im Grunde meiner Seele bin ich Autodidakt und ein Spätzünder. Eine prägende Erfahrung in der Musik war für mich zweifellos das Violinspiel, weil nämlich der Klang des Streichinstruments in meinem Wesen eine Seite getroffen hat, die durch kein anderes Ereignis, keine andere Beschäftigung und keinen anderen Einfluss so berührt worden ist. Ich habe auch früh und viel gelesen, sicher am Anfang in einer gewissen Wahllosigkeit. Mit der Zeit hat sich eine Urteilsfähigkeit herausgebildet, und ich wusste sehr bald, welche Literatur für mich wichtig war und welche Werke ich kennenlernen wollte.

Die Musik hat für mich stark auch eine optische Seite. In Konzerten war ich immer beeindruckt vom Saal mit den vielen Menschen, vom sich einstimmenden Orchester, vom Erscheinen des Dirigenten und von der Stille, die eintritt, bevor er den Taktstock hebt. All das, was wahrscheinlich an sich keine tiefere Bedeutung hat, war für mich sehr wichtig – natürlich auch die Solisten. Ein Solist ist ein Vorbild für die Wiedergabe eines Werks. Es ist für einen Dirigenten ein wunderbares Erlebnis, einen grossen Solisten begleiten zu dürfen, besonders wenn dieser bestrebt ist, sein Spiel auf die Begleitung des Orchesters abzustimmen und nicht eigene Ziele zu verfolgen. Das entscheidende Ereignis, das mir viele Türen geöffnet und neue Welten erschlossen hat, war das Zusammenspiel mit anderen. Im Gymnasium hatten wir ein Schülerorchester, das ich zunächst vom ersten Geigenpult aus leitete. Ich kam dann zum Dirigieren, weil wir feststellten, dass es leichter ging, wenn einer die Verantwortung für das Ganze übernahm. Das Zusammenwirken mit anderen und das gemeinsame Spiel übten auf mich eine geradezu elektrisierende Wirkung aus. In unserem Schülerorchester fanden sich die besten Spieler zusammen. Wir spielten ziemlich wahllos, was uns gefiel, etwa den Fünften Ungarischen Tanz von Brahms oder die «Oxford-Sinfonie» von Haydn. Wir haben auch Kürzungen vorgenommen, von denen ich heute sagen würde, sie seien Mord an der Komposition. In den letzten Klassen des Gymnasiums nahm ich Unterricht in Theorie bei Rudolf Moser. Nach der Maturität wollte ich an der Universität studieren. Ich hatte ein starkes Bildungsbedürfnis und eine ausgeprägte Lust, Unbekanntes kennenzulernen. So hörte ich an der Universität während zwei Jahren Vorlesungen an verschiedenen Fakultäten. Ich interessierte mich für Nationalökonomie, Jurisprudenz, die deutsche Sprache (bei Professor Zinkernagel), vor allem aber für Geschichte, die mich dank der Lehrerpersönlichkeit von Gustav Steiner bereits im Gymnasium fasziniert hatte. Wenn ich nicht Musiker geworden wäre, dann vielleicht Historiker.

Musikwissenschaft studierte ich etwa acht Semester lang, zuerst bei Karl Nef, dem ersten Ordinarius für Musikwissenschaft in der Schweiz. Er war ein sehr kenntnisreicher Mann, der mit leiser Stimme sprach – man musste gut hinhören, um seinen Gedanken folgen zu können. Auf Nef folgte Jacques Handschin, der als Orgelschüler von Max Reger und Karl Straube in Leipzig sowie von Charles-Marie Widor in Paris ein Kenner der alten Musik war. Der tägliche Umgang mit Handschin war allerdings nicht leicht. Seine intellektuellen Skrupel erschwerten die Regelung praktischer Fragen. In seinem Wesen war er empfindlich und misstrauisch. Wer sich jedoch darüber hinwegsetzen konnte, begegnete einem zutiefst unabhängigen Geist, einem Denker und Forscher von hohen Gnaden.

Politisch habe ich mich als Student nie engagiert. Ich war der Meinung, dass die Kunst ausserhalb der Politik stehe, was in Wahrheit gewiss nicht der Fall ist, aber es war damals meine Überzeugung.

In meiner Jugend persönlich gekannt habe ich den nachmaligen

Diplomaten und Historiker Carl Jacob Burckhardt, den Sohn von Regierungsrat Carl Christoph Burckhardt-Schazmann, der auf tragische Weise ums Leben gekommen war. Er war politisch angegriffen worden und konnte sich nicht verteidigen, da er unter Schweigepflicht stand, die er nicht durchbrechen wollte. Es muss schlimm gewesen sein, denn er ist eines Abends ans Rheinufer gegangen und hat sich ins Wasser gestürzt, an einer Stelle, von der er wusste, dass die Wirbel so stark sind, dass niemand mehr hochkommt.

Carl Jacob Burckhardt lebte mit seinen Eltern im Haus neben der Musik-Akademie, in dem später das Instrumenten-Museum war. Als ich noch Gymnasiast war, hat er mich einmal zum Essen auf den Schönenberg eingeladen, den damaligen Sommersitz seiner Familie. Er ging mit mir durch den Wald und zeigte mir die alten Buchen, die jetzt noch eine Zierde über dem Hause sind. Das unscheinbare Haus war wie aus einem Katalog ausgeschnitten, aber es hatte eine wunderbare Lage. Nach dem Essen fuhren wir nach Badenweiler. Burckhardt wollte mich mit Annette Kolb bekanntmachen. Wir sprachen über Literatur und Dichtung, aber auch über meine Schule und darüber, was ich werden wolle, und worüber man eben redet. Das war eine erstaunliche Begegnung, weil ich ja ein niemand war. Da gab es noch kein Kammerorchester, nichts. Später kam ich durch Maja Stehlin wieder mit Burckhardt zusammen, weil sie mit ihm befreundet war. Er war Hochkommissar in Danzig, Botschafter in Paris, schliesslich Professor in Zürich – eine faszinierende Persönlichkeit, ein Mann von Welt, ein schöner Mann, ein Märchenerzähler. Er war befreundet mit allen Grössen des europäischen Geisteslebens, lebte in Wien, war dort Angehöriger der schweizerischen Diplomatie und kannte Hofmannsthal. Burckhardt hat auch Rainer Maria Rilke in die Schweiz gebracht, der während einiger Wochen auf dem Schönenberg gewohnt hat. Zu seinen Freunden, die in Basel aufgetaucht waren und die im Hause Hoffmann-Stehlin im Lilienhof gewohnt haben, gehörte auch der baltische Graf Hermann Keyserling, ein Philosoph und Schriftsteller, ein Wildwuchs, der in der etwas biederen Basler Gesellschaft einen starken Eindruck hinterliess. Eine Figur der Sonderklasse, von dem der kühne Reim stammt: «Als Gottes Atem leiser ging, schuf er den Grafen Keyserling.» Er sass schon in der Früh am Klavier, spielte, bis das Klavier nicht mehr konnte, ass dazu Äpfel und trank Unmengen an Wein.

Familie und Kinder

Als Teilnehmer der Dirigier-Meisterkurse von Felix Weingartner wurde ich einmal von dessen fünfter Ehefrau, Roxo Betty Weingartner, aufgefordert, sie an einem Tag um 11 Uhr in der Confiserie Spillmann am

Rhein zu treffen. Die Grande Dame der Gesellschaft eröffnete mir, ihr Ehemann werde am 2. Juni 1930 seinen 67. Geburtstag feiern, und sie habe sich gedacht, er würde sich gewiss freuen, wenn ich mit meinem jungen Kammerorchester seine Serenade für Streichorchester spielte. Ich habe mich für die zugedachte Ehre und das Vertrauen bedankt und diese Aufgabe gerne angenommen. Wir haben das Stück von Weingartner einstudiert und bei der Geburtstagsgesellschaft im Sommercasino vorgetragen. Im Anschluss an die Aufführung setzte mich Frau Weingartner zum Essen zwischen zwei Damen, die mir damals noch unbekannt waren: Maja Hoffmann Stehlin und Dori Von der Mühll-Burckhardt. Maja Stehlin hatte im Jahre 1921 Emanuel Hoffmann, den älteren Sohn des Firmengründers Fritz Hoffmann-La Roche, geheiratet, und Dori Von der Mühll-Burckhardt war die Schwester von Carl Jacob Burckhardt. Ich speiste also als 24jähriger Mann zwischen den beiden Damen. Zu Maja stellte sich sehr bald eine enge Beziehung ein. Es sind dann Ereignisse eingetreten, die ihre persönliche Lage dramatisch verändert haben. Ihr Mann ist 1932 im Alter von 36 Jahren bei einem Verkehrsunfall ums Leben gekommen, und ein Jahr danach starb Majas ältester Sohn Andreas an den Folgen einer Leukämie. Ich habe dann als 28jähriger die um zehn Jahre ältere Witwe geheiratet. Ihre beiden Kinder Lukas und Vera waren damals 10 und 9 Jahre alt. Ich habe sie als meine Kinder angenommen.

Nach ihrer Rückkehr aus Brüssel, wo Emanuel Hoffmann eine Tochtergesellschaft der Roche geleitet hatte, wollte Maja nicht mehr im Lilienhof an der Gellertstrasse bleiben. Sie sagte mir, kein Hoffmann sei dort glücklich geworden und sie wolle das Haus verkaufen. Wir hatten auch den Wunsch, auf dem Land zu leben, haben dann eine entsprechende Bleibe gesucht und uns den Schönenberg ausgesucht. Der Schönenberg, über Pratteln und Frenkendorf liegend, ist ein altes Bauerngut mit viel Vieh, Land und einem Herrschaftshaus. Maja wollte dort sofort ein neues Haus bauen lassen. Zuvor gingen wir ein Jahr lang auf eine Reise nach Griechenland, in die Türkei, nach Kleinasien, Ägypten bis in den Sudan. Während der Reise zeichnete Maja die Pläne des neuen Hauses bis ins Detail. Maja hatte bereits als kleines Mädchen an der Hand ihres Vaters, des Architekten Fritz Stehlin-Bavier, die Bauplätze besucht und ihm beim Zeichnen der Pläne zugeschaut. Nach seinem

Maja und Paul Sacher auf der Treppe des Hauses Schönenberg
im Februar 1976. Foto Peter Heman

Die Töchter Katharina und Cornelia von Faber-Castell (1976).
Foto Bettina, Zürich
Nina von Faber-Castell-von Sprecher (1970). Foto Bettina, Zürich

Vorbild bereitete sie auch den Bau unseres Hauses am Schönenberg vor. Es entstand oberhalb einer grossen Pappel, unter der Maja einst mit den Kindern Carl und Dori Burckhardt gespielt hatte.

Das Hofgut Schönenberg bestand aus dem landwirtschaftlichen Betrieb, der seit drei Generationen von der Familie Willi geführt wurde, und aus einem Herrschaftsflügel, den die Familie Burckhardt-Schatzmann als Sommerresidenz bewohnt hatte. Darin wohnten auch Maja und ich mit den beiden Kindern, bevor das neue Haus fertig war. Im Jahre 1936 bezogen wir die neue Villa, deren Stil sich an das Vorbild des berühmten Bauhauses anlehnt. Die Möbel entwarf der jung verstorbene Designer Joe Bourgeois, den die Hoffmanns in Brüssel kennengelernt hatten. Die Möbel sind bis heute die gleichen geblieben, und die Bilder, die Maja zusammen mit ihrem ersten Mann mit Hilfe des Sammlers Walter Schwarzenberg und der Brüsseler Galerie Le Centaure gekauft hatte, hängen an den Wänden: Braque, Picasso, Chagall, Max Ernst. Das Ganze bildet eine Einheit, ein Gesamtkunstwerk, das unverändert der Nachwelt erhalten bleiben soll. Es ist ein Haus, das Gäste und Freunde herrschaftlich empfängt und in dem es sich behaglich leben lässt. Ich gedenke, einen Kunsthistoriker zu beauftragen, die Kunstsammlung, die aufgrund des Aufenthaltes in Brüssel auch flämische Expressionisten enthält, das Haus, die Einrichtung und die Geschichte des Anwesens zu dokumentieren.

Ich habe drei eigene Kinder, zwei Töchter und einen Sohn. Die beiden Töchter stammen aus der Beziehung zu Nina von Faber-Castell. Ninas Grossvater, Theophil von Sprecher-Bernegg, war im Ersten Weltkrieg Generalstabschef der Schweizer Armee. Dessen Sohn aus erster Ehe, Toni von Sprecher, heiratete die Tochter des Leibarztes des Bayernkönigs Ludwig II. Nina war das einzige Kind aus dieser Ehe. Sie hing sehr an ihrem Vater, er war für sie geradezu ein Held. Aufgewachsen ist sie in Küsnacht bei Zürich, wo sie später wieder wohnte. Ninas Vater starb, als sie erst 18 Jahre alt war, gewiss der Grund, weshalb sie so jung geheiratet hat. Sie gab der Werbung des Grafen Roland von Faber-Castell nach und zog nach Deutschland. Die Fabers stammten aus Stein bei Nürnberg und besassen als Bleistift-Fabrikanten ein gewisses Renommée. Im Zweiten Weltkrieg wurde in der Fabrik Munition hergestellt; Nina war als Arbeiterin eingeteilt. Es gab keine Fensterscheiben mehr, der Durchzug war für die feine und zarte Frau kaum erträglich. Nina war sehr musikalisch und hatte in Zürich das Klavierdiplom erworben. Ich hatte oft von ihr gehört. Meine Frau Maja war nämlich eine direkte Verwandte von Nina. Majas Vater, Fritz Stehlin, hatte die Bündnerin Helene von Bavier geheiratet. Deren Schwester war die erste Frau von Ninas Grossvater, dem erwähnten Generalstabschef.

Irmtraut Schmid mit Sohn Georg. Foto Christian Vogt

Mit Sohn Georg, Weihnachten 1998. Foto Janine Wiggli

Aus erster Ehe hatte Graf von Faber-Castell vier Kinder, aus der zweiten Ehe mit Nina weitere sechs Kinder. Ich habe Nina erst nach dem Krieg kennengelernt. Sie war eine belesene, gebildete, sprachbegabte, schöne Frau. Unsere Begegnung war ihrem Charakter entsprechend stürmisch. Meine Erklärung, wir könnten keine Kinder haben und ich könnte mich an der Erziehung der Kinder nicht beteiligen, fruchtete nichts. Meine Frau Maja war von dieser neuen familiären Situation verständlicherweise nicht gerade begeistert. Ich erklärte ihr alles. Sie war aber immer sehr nett mit ihren Stiefkindern. Im Jahre 1952 kam Katharina zur Welt. Sie hatte eine merkwürdig bewegte Jugend. Sie besuchte das Freie Gymnasium in Zürich. Als 13jährige erklärte sie mir eines Tages, man habe sie zur Schule hinausgeworfen. «Dann musst du halt eine Klasse wiederholen», meinte ich. «Nein, nein, sie wollen mich nicht mehr», war die kühne Antwort. Sie bestand dann an einer Fernschule die eidgenössische Maturität, absolvierte das Medizinstudium, bestand das Staatsexamen und erwarb den medizinischen Doktortitel. Dann sagte sie zu mir: «Du wirst ja wohl verstehen, dass ich nicht Ärztin sein will. Ich bin Künstlerin.» Sie schreibt und schreibt, Nächte hindurch und zwar ganz für sich. Es ist bisher kein einziges Buch von ihr erschienen. Sie hat viele Eigenschaften von mir übernommen. Sie ist verheiratet, hat zwei Kinder und nennt sich Katharina von Faber-Castell-Guglielmetti.

Cornelia wurde 1961 geboren und ist eine ganz andere Natur. Sie hat zuerst ein Ethnologie-Studium mit dem Lizentiat abgeschlossen. Ich habe ihr immer gesagt, das sei ein Luxusstudium, mit dem man gar nichts machen könne, aber es hat sie fasziniert. Später hat sie das Lizentiat in Jurisprudenz mit dem Prädikat summa cum laude erworben. Sie ist verheiratet, heisst Cornelia Perriard-von Faber-Castell und hat ein Kind. Zu beiden Töchtern habe ich eine sehr enge Beziehung. Katharina und Cornelia gingen jeweils in den Ferien mit ihrer Mutter nach Deutschland. Dort hatten sie ein Jagdhaus mit einem Wald von 5000 ha, wo die Töchter ausreiten konnten. Nina starb 1988.

Dann kam die Begegnung mit Irmtraut Schmid. Sie stammte aus einer Schweizer Familie, die in Deutschland im Stoffhandel tätig war. Sie studierte Medizin und war als Ärztin an verschiedenen Spitälern tätig. In der Schweiz erhielt sie eine Anstellung in der Forschungsabteilung der CIBA und im Institut für Immunologie Basel. Sie war sehr musikalisch, spielte gut Flöte, hatte eine schöne Stimme und ein ausgezeichnetes Gehör. Sie hatte eigentlich Musikerin werden wollen, aber als einzige Schwester von vier Brüdern absolvierte auch sie ein Studium. Irmtraut sprach akzentfrei Englisch und Französisch. Sie war 40 Jahre alt, als unser gemeinsamer Sohn Georg Sebastian Balthasar im

Februar 1981 zur Welt kam. Als er vier Jahre alt war, erklärte sie mir, sie sei an Brustkrebs erkrankt. Sie prognostizierte sich zum Leben noch genau drei Jahre, und so kam es auch. Nach ihrem Tod im Jahre 1988 wusste ich, dass ich mich jetzt um Georg kümmern musste, und habe mich danach eingerichtet. Wir haben eine beneidenswert glückliche Beziehung. Zuerst wollte er auch Arzt werden, nun interessiert er sich für Architektur. Beim Militär will er zur Fliegerstaffel. Als er sechs Jahre alt war, sagte er, wie ich damals, er hätte gern eine Geige und würde gerne Geigenstunden nehmen. Nun übt er täglich. Er ist wohl kein virtuos begabter Geiger, aber er hat einen sehr schönen, reinen Ton und hört gut. Die Geige ist für ihn ein Ausgleich zur Arbeit in der Schule, ebenso wie der Sport, den er betreibt. Er ist ein guter Judo-Kämpfer, er hat auch schon die ersten Gürtel bekommen. Die Ferien verbringe ich mit ihm meist in einem Flimser Hotel-Appartement, in das ich früher bereits mit seiner Mutter gegangen bin.

Im Basler Musikleben

Meine Mutter wollte nicht, dass ich Musiker werde, denn sie war der Überzeugung, das sei ein Luxusberuf. In einer Familie, die zwar in angenehmen, aber bescheidenen Verhältnissen lebe, müsse ein Beruf gewählt werden, der seinen Mann ernähre, meinte sie. Für mich aber war die Musik Berufung. Ich wog meine Überlegungen nicht nach utilitaristischen Grundsätzen ab, sondern nach meinen Interessen und meinem Wunsch, mich selbst zu verwirklichen.

Ich kannte damals kaum Leute, die meine Auffassung geteilt hätten. Verständnis dafür hatte einzig Adolf Hamm, der damalige Münsterorganist - ein hochbegabter Künstler, eine Persönlichkeit, wie wir sie in Basel nicht oft hatten. Mich faszinierte sein Orgelspiel, wobei die Orgel ja ein heikles Instrument ist – nicht jeder, der nicht selber Organist ist, versteht, warum einer in diesem Fach gross ist. Hamm hatte zusammen mit Jacques Handschin bei Karl Straube in Leipzig studiert. Gleich zwei Berufungen erreichten ihn, eine nach Bern und eine nach Basel. Hamm hat sich für Basel entschieden, und Handschin ging als Organist nach Petersburg. Hamm unterhielt sich mit meiner Mutter über meine Pläne und versuchte, sie zu überzeugen. An ihrer Auffassung konnte das aber nichts ändern. Hamm war ein Mensch, der ganz in seinem Glauben aufging und durch ihn geprägt wurde. Er war sehr darauf aus, Fragen der Liturgie für sich selbst zu beantworten. Er war ein Mann von grosser Bildung und Belesenheit und ein einzigartiger Bach-Kenner. Durch ihn und seine Konzerte lernte ich einen grossen Teil der Orgelliteratur kennen. Er brachte auch rhythmisch komplizierte Werke zu klarer Darstellung. Im Jahre 1911 gründete er den Basler Bach-Chor, mit dem er die Bachschen Kantaten, die damals praktisch unbekannt waren, sukzessive zur Aufführung brachte. Hamm kam von der elsässischen Tradition her, wie sie in Strassburg bedeutend war, mit dem dortigen Gemischten Chor, den ein Mitglied der Familie Münch geleitet hatte. In Basel prägte dann Hans Münch das Musikleben durch sein langjähriges Wirken als Dirigent des Gesangvereins, der Liedertafel, der AMG-Sinfoniekonzerte, von Opernaufführungen im Stadttheater und auch als Direktor des Konservatoriums. Münch war ein Musiker von hohen Gnaden, der alles, selbst die grossen Bach-Passionen, auswendig dirigierte. Vor allem die Schönheiten der sinfonischen Werke von Anton Bruckner und Max Reger brachte er den Baslern in seinen Konzerten nahe. In den von Adolf Hamm geleiteten Konzerten gastierte auch einmal Albert Schweitzer an der Orgel, dessen Spiel auf mich allerdings eher laienhaft wirkte.

Ein grossartiger Musiker war der deutsche Geiger Adolf Busch, der 1927 nach Basel gekommen war. Er brachte auch den Pianisten Rudolf Serkin, der später sein Schwiegersohn wurde, nach Basel und veranstaltete hier seine Kammermusik-Konzerte. Serkin spielte bei Bach den Basso continuo auf dem Klavier, so dass dieser eher dominierte, was nicht unbedingt dem Stil des Generalbasses entspricht. In anderen Aspekten näherte er sich aber bereits der Aufführungspraxis des 18. Jahrhunderts an.

Eine der ersten, die Bach auf dem Cembalo spielten, war die polnische Pianistin Wanda Landowska. Für sie hatte die Firma Pleyel eigens ein Cembalo gebaut. Darauf spielte sie überall in Konzerten und machte das Publikum mit der Barockmusik vertraut. Sie wohnte in der Nähe von Paris, in St-Leu-la-Forêt. Mit ihrer besonderen Technik vermochte sie den Klang des Cembalos schön und eindrucksvoll zu gestalten. Sie hatte einen grossen Schülerkreis und war eine brillante, virtuose Spielerin, die auch einem Laienpublikum die Cembalowerke von Bach und Couperin durch ihr deutliches Spiel näherzubringen vermochte. Der Dirigent Hermann Suter verpflichtete sie als Continuospielerin für die Aufführung einer Bach-Passion mit dem Basler Gesangverein. Und in einem Konzert des Basler Kammerorchesters (BKO) vom März 1931 spielte die Landowska die Cembalopartien in Bachs «Brandenburgischen Konzerten» sowie das «Italienische Konzert» und Präludien und Fugen aus dem «Wohltemperierten Klavier». Ich erinnere mich an eine Probe im Chor der Martinskirche mit ihr und zwei Schülern, die das zweite und dritte Cembalo in Bachs d-Moll-Konzert spielten. Als ein Sonnenstrahl durch die Kirchenfenster brach und den Chor erleuchtete, öffnete die Landowska ihr Haar – sie hatte schönes, langes, rotes Haar – und liess es im goldenen Sonnenschein langsam herabgleiten. Das war ein eindrucksvoller Moment, der auch die Musiker im Orchester bewegt hat.

Als Studenten in Basel pflegten wir freundschaftliche Bande, die wir in Anlehnung an Frankreichs Komponistenkreis Les Six «Die Fünf» nannten. Diese Gruppe bestand aus Max Adam, Hans Ehinger, Ernst Mohr, August Wenzinger und mir. Max Adam war Oboist und Lehrer für Akustik und Gehörbildung am Konservatorium, ein Spezialist für das Training des musikalischen Ohrs. Er war auch Philosoph und hat sich den Lehren des Mystikers Emanuel Swedenborg angeschlossen. Vor

allem war er der erste Tonmeister am Radio Basel und ein hervorragender Aufnahmeleiter unserer Konzerte. Er hatte allgemein Freude am Spiel, auch am Geldspiel, und war ein sehr guter Billardspieler. Oft hat man ihn eiligen Schrittes auf der Strasse getroffen. Auf meine Frage: «Warum hast du es so pressant?», antwortete er unerschrocken: «Ich muss noch rasch das Mittagessen verdienen!» Er spielte Billard um Geld und gewann dabei mit absoluter Sicherheit. Hans Ehinger und Ernst Mohr waren Musikwissenschaftler. Ehinger wurde Musikredaktor bei den «Basler Nachrichten», und Mohr war Lehrer für Musikgeschichte und musiktheoretische Fächer am Konservatorium. Er war ein genauer Kenner der Musik und erkannte schon als Student beim Anblick einer Partitur auf Anhieb den Autor. «Die Fünf» trafen sich regelmässig bei Max Adam in dessen grosser Wohnung. Da wurde vieles besprochen, was sich im Musikleben ereignet hatte. Später organisierten wir die Studienaufführungen der Internationalen Gesellschaft für Neue Musik (IGNM). Da war ich plötzlich für die Programme verantwortlich und fühlte mich dabei oft auf mich selbst gestellt, weil sich die anderen dachten, der macht das schon recht.

Der gegenüber mir um fünf Monate ältere August Wenzinger war ein Pionier in der Alten Musik. Er kam vom Cello und beschäftigte sich dann intensiv mit dem Spiel auf der Viola da gamba. Er war ein grosser Kenner der Musikliteratur und der Instrumente, insbesondere der Gamben-Familie vom Diskant bis zum Bass. So liess er die Gamben als Consort im Quartett spielen. Wenzinger transkribierte viele Werke von Handschriften aus Bibliotheken und gab praktische Ausgaben heraus; daneben war er auch ein guter Kenner der Vokalmusik. Bei der Gründung der Schola Cantorum Basiliensis im Jahre 1933 war Wenzinger mitbestimmend als Interpret und Anreger. In einer eigenen Einrichtung dirigierte er die erste Oper «Orfeo» von Claudio Monteverdi und nahm sie erstmals für die Archiv-Produktion der Deutschen Grammophon Gesellschaft auf Langspielplatten auf. Wenzinger war eine Persönlichkeit von grosser künstlerischer Ausstrahlung und internationaler Durchschlagskraft. Bis ins hohe Alter gab er Kurse an amerikanischen Universitäten.

Der Sänger Max Meili, ebenfalls Mitbegründer der Schola Cantorum, war eine Naturbegabung. Ich habe nie mehr in meinem Leben eine so wunderbar geführte Tenorstimme erlebt, die in keiner Weise

Wanda Landowska (Mitte), Isabelle Nef (links) und Ruggero Gerlin bei der Probe von Bachs Konzert für drei Cembali für das BKO-Konzert vom 12. März 1931. Foto Jacques Weiss

verdorben worden war. Eines seiner Lieblingswerke war Monteverdis «Il Combattimento di Tancredi e Clorinda». Zur menschlichen Stimme hatte ich schon immer ein besonders enges Verhältnis. Ich nahm auch Gesangsunterricht, weil ich der Meinung war, als Dirigent, der sich mit Chören beschäftigt und mit Gesang überhaupt, müsse man eine gewisse Erfahrung im Singen besitzen.

Die Hymnologin Ina Lohr war von 1931–1983 meine Beraterin beim Basler Kammerorchester in Fragen der Programmgestaltung der Alten Musik. Sie stammte aus Amsterdam und studierte in Basel bei Karl Nef und Jacques Handschin. Sie war spezialisiert auf liturgische Musik, konnte die alten Musikhandschriften lesen und aus dem Gregorianischen Choral vorsingen. Sie war eine sehr eigenwillige Persönlichkeit. Sie drängte schon damals darauf, dass in der Alten Musik die hohen Männerpartien mit einem Countertenor besetzt wurden, was anfänglich auf grossen Widerstand stiess. In England gab es die Tradition des Singens im Altus seit langem. Für mich war es schon immer ein besonders sinnliches Erlebnis, wenn die Tenorpartien mit einem Countertenor besetzt waren. Ina Lohr hat also die heutzutage gängige Praxis mit den von einem Altus besetzten Partien eingeführt. Damals berührte es noch merkwürdig, wenn ein schöner Sänger mit Bart, statt Tenor oder Bass zu singen, als Sopranist oder Altist auftrat.

Meine dirigentische Tätigkeit in Basel hatte ihren historischen Vorläufer im sogenannten Riggenbachschen Kränzchen, das um die Mitte des 19. Jahrhunderts von August Walter, einem gebürtigen Stuttgarter, geleitet wurde. Walter war ein begabter Geiger, ein gewandter Klavierspieler und ein hervorragender Kenner der Musiktheorie. Er war Kompositionsschüler von Simon Sechter in Wien gewesen. Im Hause von Friedrich Riggenbach-Stehlin, einem musikbegeisterten Bankier, an der oberen Freien Strasse, im «Kettenhof», wurde viel musiziert. Das Riggenbachsche Kränzchen war ein Gemischter Chor, der aus zwanzig bis vierzig ausgebildeten Sängerinnen und Sängern bestand. August Walters Programme waren sehr interessant und für ihre Zeit fortschrittlich. So dirigierte er neben Chormusik von Mendelssohn, Wagner und Schumann auch Werke von Palestrina, Lotti, Caldara und Bach. Selbst Bachs grosse Vokalmusik war damals noch nicht allgemein bekannt. Felix Mendelssohn hatte ja im Jahre 1829 die «Matthäus-Passion» erstmals wieder aufgeführt, und August Walter griff die Begeisterung für Bach auf mit Einstudierungen von Kantaten, Motetten und Chören aus den Passionen und übertrug sie auf Chormusik von Schütz, Palestrina und Giacomo Carissimis Oratorium «Jephta».

Das Riggenbachsche Kränzchen spielte auch gesellschaftlich eine bedeutende Rolle. Nach den Konzerten wurde gegessen und getanzt.

Dr. Ina Lohr (1903–1983), die langjährige Assistentin von Paul Sacher.

Während der Saison 1851/52 sang auch Jacob Burckhardt im Kränzchen mit. Er besass eine schöne Tenorstimme und war sehr musikalisch. Nach einem Jahr blieb er dem Kränzchen fern. Ob die Geschichte wahr ist oder nicht: Burckhardt soll sich in die Frau des Hauses, die Altistin Margaretha Riggenbach-Stehlin, verliebt haben. Das Haus Riggenbach-Stehlin war auch ein Treffpunkt, in dem Persönlichkeiten wie Clara Schumann, Johannes Brahms und der Geiger Joseph Joachim verkehrt haben. Ihre weitgereisten Gäste haben die Riggenbachs auch auf ihrem Landsitz, der Bechburg im Jura, empfangen. Friedrich Riggenbach-Stehlin war als Vorstandsmitglied des Gesangvereins eine treibende Kraft beim Bau des Grossen Musiksaals im Stadtcasino, der von Johann Jacob Stehlin nach dem Vorbild des Leipziger Gewandhauses im Jahre 1876 erbaut wurde und der für seine hervorragende Akustik weltweit berühmt geworden ist.

Die Familie Stehlin stammte aus Biel-Benken, zog nach Basel und heiratete in den «Daig», Basels Aristokratie, ein. Fritz Stehlin, der Neffe von Johann Jacob Stehlin, hatte zwei Brüder, Karl und Hans Stehlin, und vier Töchter. Meine spätere Frau, Maja Stehlin, war die dritte Tochter. Einmal fragte ich meine Schwiegermutter nach dem Beruf von Onkel Hans. «Der macht nichts», meinte sie, «der geht manchmal gegen Ende des Vormittags ins Museum.» Sie meinte das Naturhistorische Museum. Hans Stehlin war nicht etwa ein Taugenichts, sondern ein weltbekannter Insektenforscher. Und Karl Stehlin hat als einer der ersten Augusta Raurica erforscht und ein historisches Grundbuch der Stadt Basel verfasst. Ihn interessierten nicht nur die Naturwissenschaften, sondern auch die Geistes- und Kunstgeschichte. Dazu eine Anekdote: Er trifft einmal einen Freund, die beiden begeistern sich für das Bild eines grossen, klassischen Malers. Der Freund sagt, welch phänomenaler Himmel da in violett gemalt sei. Karl Stehlin zweifelt an der Farbe und will es genau wissen. Er fährt sogleich nach Florenz ins Museum, um sich das Original anzuschauen, und stellt fest, dass es sich eben nicht um violette Farbe gehandelt hat.

Die Tradition des Riggenbachschen Kränzchens wurde durch den nachmaligen Basler Kammerchor fortgesetzt, der ebenfalls Carissimis «Jephta»-Oratorium zur Aufführung brachte.

Im Konzertsaal begegnete ich öfters den Dirigenten Hermann Suter und Felix Weingartner. Der in Dalmatien geborene Weingartner war von 1908–11 der Nachfolger von Gustav Mahler an der Wiener Hofoper und leitete später die Wiener Philharmoniker. 1927 kam er nach Basel, wo er die Leitung der Allgemeinen Musikgesellschaft Basel übernahm und Direktor von Musikschule und Konservatorium wurde. Ich besuchte seinen Unterricht. Weingartner war ein hervorragender Pädagoge und wusste die Grundregeln des Dirigierens einprägsam darzustellen. Er zeigte uns ganz elementare Dinge in anschaulicher Weise, etwa wie man einen Auftakt gibt, der durch einen einzigen Schlag auf das folgende Tempo hinweist. Seine Probentechnik zeichnete sich durch einen äusserst ökonomischen Einsatz der gestischen Mittel aus. Er hatte eine eindrückliche Körperhaltung, die dem Orchester den Charakter der Musik unmissverständlich mitzuteilen vermochte. Weingartner dirigierte das Repertoire, das ihm am Herzen lag und für das er berühmt war, durchwegs auswendig. Er sagte eigentlich an denselben Stellen immer das gleiche; auch daran habe ich vieles ablesen und lernen können. Weingartner war ein magistraler Orchesterleiter und setzte souverän seinen Willen durch.

Ich sah und hörte auch in der Oper viele Aufführungen, die mich sehr beeindruckt haben, vor allem unter dem damaligen musikalischen Oberleiter Gottfried Becker, der mit grösster Leichtigkeit und Eleganz Orchester und Bühne koordinierte. An den Inszenierungen nahm ich allerdings des öfteren Anstoss. Was sich da ein Regisseur ausgedacht hatte, geschah oft nicht aus dem Geist der Musik, nicht einmal aus der dramatischen oder musikalischen Situation heraus, sondern einzig zur Erfüllung eines vorgenommenen Plans. Und was mich noch heute stört, ist die Unverständlichkeit des Textes.

Auch die deutsche Jugendbewegung, wie ich sie in den zwanziger Jahren erlebt hatte, spiegelte sich im Basler Musikleben. Sie war ebenfalls nichts Eindeutiges, Eingleisiges, sondern in vielen Erscheinungsformen vorhanden. Es gab viele Kanäle, durch die sich diese Jugendbewegung äusserte. Es ging immer um Musik, die junge Menschen ansprach und die ihr gesellschaftliches Zusammenleben mitbestimmte. Es gab die Jugendbewegung in christlicher Form, also mit dem Christentum als Hintergrund. Es gab aber auch gewissermassen eine neuheidnische Jugendbewegung, im Sinne einer Wiederbelebung römischer und griechischer Traditionen, was nicht ganz ungefährlich war, weil vermieden werden musste, dass sie zu homoerotischen Paradiesen führte.

Ich glaube nicht, dass die Jugendbewegung mit August Halm und Fritz Jöde für die Musik sehr viel gebracht hat. Ähnliche Bewegungen gab es auch in der Anthroposophie. In der Nähe Basels, in Dornach, steht ja das Goetheanum. Ich habe verschiedene Musiker gekannt, die dort gewirkt haben. In musikalischer wie pädagogischer Beziehung ist die Lehre Rudolf Steiners, die vor allem auf die Erziehung des Menschen zum Menschen zielt, etwas Aussergewöhnliches, Hervorragendes.

Basler Gründungen

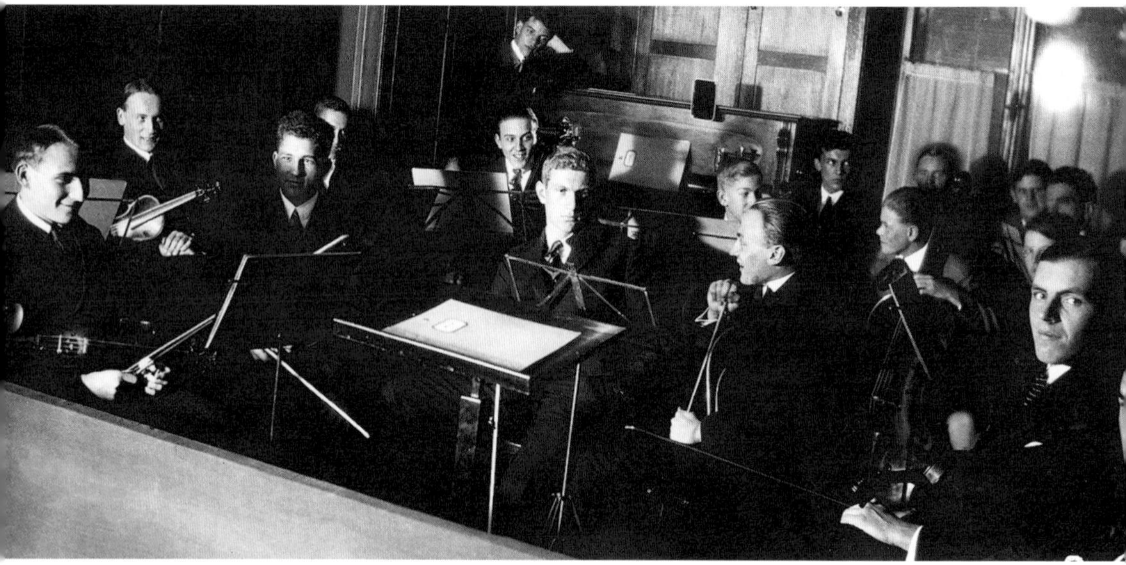

Das «Orchester Junger Basler» bei der Probe zum
Maturitätskonzert vom 27. September 1924 im Restaurant «Zur Post».
Foto Eduard Gruner

Basler Kammerorchester

Das Basler Kammerorchester ist aus dem von mir geleiteten, seit 1922 bestehenden «Orchester Junger Basler» und dem «Orchester der Oberen Realschule» hervorgegangen. Es begann seine Tätigkeit im November 1926. Mitgespielt haben frühere Mitschülerinnen und -schüler, vor allem die Streicher aus der Klasse meines Lehrers Fritz Hirt. An den ersten Pulten sassen die Geigerin Else Popp und die Bratschistin Annie Tschopp. Es war eine ungeheure, idealistische Leistung; wir haben alle ohne Entgelt gespielt. Unser erster Präsident und Kassier war Otto Senn-Gruner, Oberst Senn, wie wir ihn nannten, da er im Militär diesen hohen Grad bekleidete und es früher in der Schweiz üblich war, militärische Grade auch im Privatleben zu nennen. Senn war Seidenbandfabrikant und besass eine Sammlung wunderbarer Streichinstrumente. Er spielte selbst Geige und konnte mit seinen Söhnen ein Streichquartett besetzen. Im Ernstfall sagte er jeweils: «Wann soll ich Ihnen den Kassier vorbeischicken?» Es ging damals noch um bescheidene Summen.

Die Leute, die dem Kammerorchester in seiner späteren Entwicklung beistanden, waren der Präsident Alfred von der Mühll-Ziegler, ein Geschäftsmann mit idealistischen Vorstellungen, sowie der Münsterorganist Adolf Hamm, bis zu seinem Tod im Herbst 1938 Vizepräsident des Kammerorchesters. Später lag die Verantwortung auch für die Finanzen ausschliesslich bei mir. Wir erteilten regelmässig Kompositionsaufträge und mussten für die Honorierung der Musiker grosse Summen aufbringen. Durch die Heirat mit Maja Hoffmann-Stehlin war ich dann in der Lage, die Kosten zu übernehmen. In späteren Jahren hat die Stadt Basel schliesslich dem Basler Kammerorchester Subventionen zugesprochen, zuletzt in der Höhe einer Viertel Million Franken jährlich, was allerdings nur einen Teil der Unkosten des Unternehmens decken konnte.

Die erste Probe des Kammerorchesters fand am 4. November 1926 statt, das erste Konzert am 21. Januar 1927 in der Martinskirche. Anfangs probierte das Kammerorchester regelmässig und häufig, und zwar nicht nur zur Erarbeitung eines vorgegebenen Programms, sondern um eine Ensembleleistung zu erreichen. Wöchentlich wurden in der Regel zwei Proben angesetzt, und dabei spielten wir nicht nur die für ein Konzert vorgesehenen Werke, sondern auch ganz andere zum eigenen Vergnügen. So kam es, dass wir für die Einstudierung eines Programms bis zu 16 Proben aufbrachten. Das Kammerorchester lebte vom Idealismus und der Begeisterung junger Menschen.

Basler Kammerchor und -Orchester in der Martinskirche. ▶
Foto Jacques Weiss

UNTER BUNDESSCHUTZ GESTELLT

1930
RENOVIERT / PAUL BURCKHARDT

Basler Kammerchor

Der Ende 1928 gegründete Basler Kammerchor war mir ein weiteres wichtiges Anliegen. Es gibt ja eine reiche Literatur für Chor mit Orchester aus allen Perioden der Musikgeschichte und auch sehr schöne kürzere Chorwerke etwa von Gluck, Haydn, Mozart, die man in ein Orchesterkonzert einbauen kann. Das gilt ebenso für die zeitgenössische Vokalmusik, die dem Programm in Verbindung mit Orchesterwerken einen ganz anderen Charakter verleiht und auch eine klangliche Bereicherung darstellt. Allerdings gibt es da ein grosses Problem: Wir haben in der Schweiz eine alte Chortradition mit Laienchören. Diese können zwar ein Konzertprogramm bereichern, wenn die Stimmen geschult und gebildet sind. Im Basler Kammerchor haben wir immer versucht, nur Leute aufzunehmen, die diese Voraussetzungen erfüllen. Wir haben darauf geachtet, dass die Leute mit schönen Stimmen auch Gesangsunterricht nehmen. Sänger müssen ja vieles mitbringen: ein gutes Gehör, Treffsicherheit, Musikalität, Geschmack und Stilsicherheit. Zwar hat ein geschulter Laienchor grosse Vorteile, weil in einem solchen Kreis Routine nicht aufkommen kann, aber die Ausgeglichenheit der Register, also der Stimmen und Stimmlagen, muss in vielen Proben immer von neuem hergestellt werden und ist nicht auf Dauer gesichert. Ich habe während meiner Tätigkeit als Dirigent daher immer die Hoffnung gehabt, eines Tages einen professionellen Chor zur Verfügung zu haben, so wie die deutschen Rundfunkanstalten Berufschöre unterhalten, die gut einstudiert sind und auch schwierigste Literatur singen können. In der Schweiz gibt es zwar an den Theatern Berufschöre – in Basel den durch Werner Nitzer so hervorragend geschulten Theaterchor, der allein einen Opernbesuch wert ist –, aber es gibt heute eigentlich nur einen Konzertchor, der die gestellten Anforderungen erfüllt: die von Fritz Näf gegründeten und geleiteten «Basler Madrigalisten».

Im Basler Kammerchor war es nicht immer möglich, die hohen Ansprüche zu erfüllen, und ich bedaure im nachhinein, dass wir nicht auch im Vokalbereich einen professionellen Standard erreichen konnten. Anfangs habe ich den Kammerchor noch selber einstudiert. Später haben Ina Lohr, Lukas Wieser, Frieder Liebendörfer, Karl Scheuber und zuletzt Pascal Mayer die Einstudierung übernommen.

Ein schönes Erlebnis hatten wir schon gleich nach der Gründung: Im Rahmen des Mozartfestes 1930 sangen wir die Chöre aus dem

◀ Das Basler Schlagzeug-Ensemble bei der Uraufführung von Norbert Morets «Visitations» am 20. Januar 1983 im Basler Musiksaal. Foto Niggi Bräuning

«Idomeneo». Nach der Aufführung kam Octave Hombert, die Präsidentin der Pariser Société d'Etudes Mozartiennes, auf mich zu und lud uns ein, die Oper auch in Paris mit dem Kammerchor und dem Orchestre de la Société d'Etudes Mozartiennes im Februar 1931 im Conservatoire aufzuführen. Vor dem Basler Kammerchor habe ich übrigens von 1929–1934 bereits einen Chor geleitet, nämlich den Basler Männerchor und mit diesem grosse romantische Chorwerke wie Hector Berlioz' «La Damnation de Faust» oder Cherubinis «Requiem» einstudiert und dirigiert.

Die Gründung des Collegium Musicum Zürich ist in meinem Aufsatz «Ein Basler in Zürich» ausführlich beschrieben. (Siehe Seite 174ff. in vorliegendem Band.)

Basler Schlagzeug-Ensemble

Das Basler Schlagzeug-Ensemble besteht seit 1968 und formiert sich aus sechs Schlagzeugern des Sinfonie-Orchesters. Es ist im Laufe der Jahre zu einem eigenständigen Ensemble geworden, ähnlich den «Percussions de Strasbourg». Der Schlagzeugklang hat mich schon immer fasziniert. Das begann schon mit der Basler Trommel, die eine magische Wirkung auf mich ausübt. Mit dem Schlagzeug-Ensemble baute ich ein eigenes Repertoire auf, so mit Stücken von Carlos Chávez oder Edgard Varèse, und regte viele Komponisten an, neue Schlagzeug-Stücke zu schreiben, zum Beispiel Sven-Erik Bäck, Friedhelm Döhl, Patricia Jünger, Rudolf Kelterborn, Robert Suter und Norbert Moret. Die Zusammenarbeit mit den Schlagzeugern hat mich immer fasziniert und mir grosse Freude bereitet. Es gibt hervorragende Musiker, wie den Paukisten Siegfried Schmid, einen Musiker, dem man nie sagen muss, er solle lauter, leiser oder anders schlagen. Dann gibt es innovative Geister wie Jean-Claude Forestier, der Pierre Boulez ein Stück abgerungen und seinen Freund, den Jazz-Vibraphonisten Lionel Hampton, immer wieder nach Basel eingeladen hat. Im Laufe der Jahre ergab sich zu den Basler Schlagzeugern eine persönliche Freundschaft, die sich auf unsere Zusammenarbeit sehr befruchtend ausgewirkt hat. Wegen der neuen Musik hat sich das Ensemble auch ein riesiges Arsenal an Schlaginstrumenten angeschafft. Damit kann praktisch jede noch so ausgefallene Besetzung aus dem eigenen Instrumentenfundus besetzt werden.

Paul Sacher Stiftung

Im Jahre 1973 gründete ich die Paul Sacher Stiftung. Ursprünglich sollte es Aufgabe der Stiftung sein zu verhindern, dass das Gut aus meiner privaten Sammlung dereinst in alle Winde verstreut würde. All die

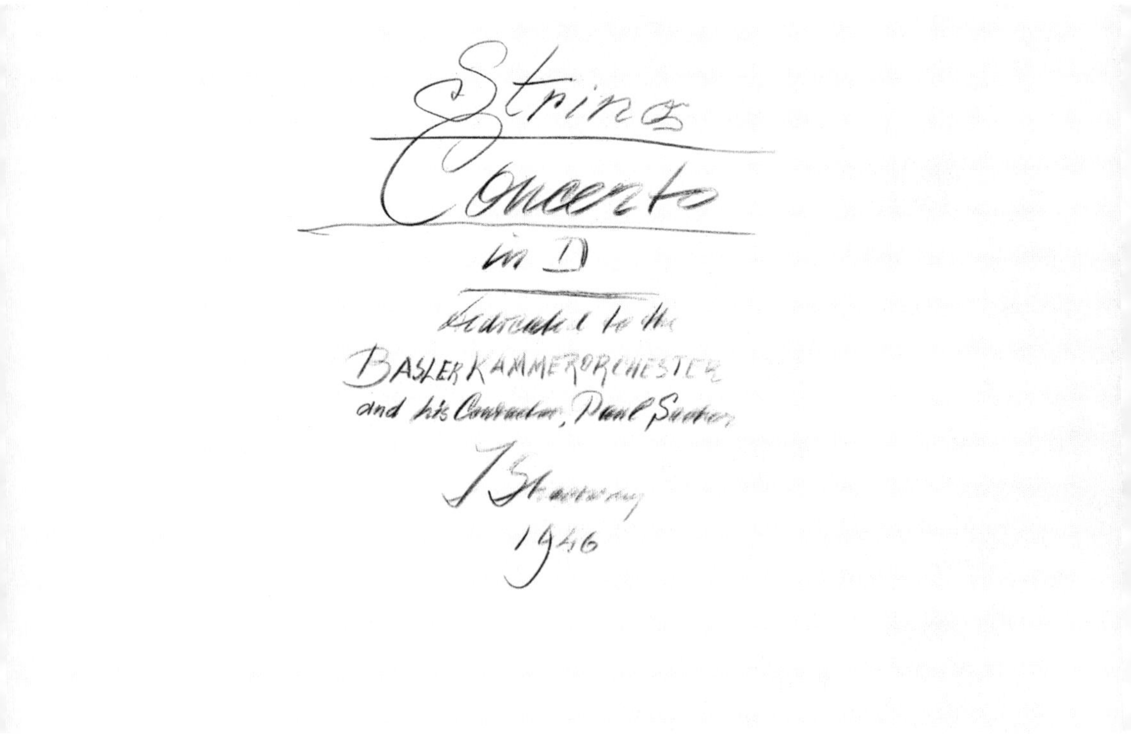

Widmungsseite des Particells «Concerto en ré» (1946)
von Igor Strawinsky.
Sammlung Paul Sacher in der Paul Sacher Stiftung

Dokumente, die sich bei mir im Laufe eines langen Lebens angehäuft haben, wie Briefe, Manuskripte und Noten, sollten an einem zentralen Ort aufbewahrt, katalogisiert und eingesehen werden können. Zur Aufbewahrung und zum Betrieb der Stiftung habe ich einen besonderen Ort ausgewählt: das Haus «Auf Burg» am Münsterplatz, vis-à-vis der Galluspforte. Dieses Haus, früher im Besitz der Universität, war, als ich es erwarb, in einem erbärmlichen Zustand. Es gab keine Heizung, und die Behörde, die das Bauen von alten Häusern überwacht, hat für den Umbau strenge Auflagen gemacht. Ein vollständiger Umbau war notwendig: Vom Parterre an drei Stockwerke abwärts für die Stiftung, den ersten Stock für meine Partnerin Irmtraut Schmid und den gemeinsamen Sohn Georg, den zweiten Stock für mich als Büro und oben eine Wohnung für die Hausangestellten. 1986 wurde die Stiftung der Öffentlichkeit zugänglich gemacht. Seither musste das Haus nochmals um zwei Stockwerke nach unten erweitert werden, weil wir für die Ankäufe und Bestände der Stiftung mehr Lagerraum und für die Mitarbeiter und Besucher mehr Arbeitsräume und Lesesäle brauchten. Später konnte ich ausserdem das Nebenhaus dazu erwerben.

Im Jahre 1983 bot sich die Möglichkeit zum Kauf des Strawinsky-Nachlasses, der die Stiftung mit einem Schlag in eine ganz andere Dimension versetzte. Der Kauf kam dank der Fürsprache des Antiquars Albi Rosenthal zustande, der zur Strawinsky-Familie enge Kontakte pflegte. Es folgten weitere Neuerwerbungen, wie das von Hans Moldenhauer gesammelte Anton Webern-Archiv, sowie weitere Nachlässe und Sammlungen noch lebender Komponisten.

Die Paul Sacher Stiftung wird ausschliesslich von mir finanziert. Das beinhaltet Kauf und Unterhalt der Liegenschaften, Betrieb der Forschungsstätte samt Anstellungen der wissenschaftlichen Mitarbeiter und der Bibliothekarinnen. Was angekauft wird, bestimme ich selber. Dafür gibt es verschiedene Gesichtspunkte. Entscheidend ist die Qualität des schöpferischen Werks, das in diesem Jahrhundert entsteht oder entstanden ist. Neben den grossen Beständen gibt es aber auch Lücken, die nie geschlossen werden können. Für Arnold Schönberg, Béla Bartók, Paul Hindemith und Luigi Nono gibt es eigene Institute. Bei Bartók hoffe ich, noch vieles nachholen zu können. Zur Zeit verwaltet der Sohn Peter Bartók den Nachlass seines Vaters.

Dann gibt es einen weiteren Gesichtspunkt bei den Ankäufen, nämlich die Absicht, in Basel eine grosse Sammlung von Schweizer Komponisten zu konzentrieren. Wir haben derzeit gut ein Dutzend Nachlässe von Schweizer Komponisten. Leider hatte Andrée Vaurabourg einen grossen Teil von Arthur Honeggers Partituren bereits der Bibliothèque Nationale in Paris geschenkt. Aber ich habe von Honegger zusammengekauft, was zu finden war, und darunter sind viele wichtige Dinge.

In den über zehn Jahren seit ihrer Eröffnung ist die Stiftung eine weltberühmte Institution geworden. Dazu kommt eine einzigartige Musik-Bibliothek. Es ist mir eben zugute gekommen, dass ich nicht nur Musiker und Dirigent, sondern auch ein guter Kaufmann mit Verhandlungsgeschick bin.

Die Paul Sacher Stiftung. Eingang und Lichthof. Foto Niggi Bräuning

PAUL SACHER STIFTUNG

Begegnungen mit Komponisten und Interpreten

Paul Hindemith nach der Uraufführung seiner Sinfonie «Die Harmonie der Welt» beim BKO-Konzert vom 25. Januar 1952.
Foto Rolf Jeck

Rudolf Moser • Im ersten Konzert des Basler Kammerorchesters vom 21. Januar 1927 stand als erster zeitgenössischer Komponist Rudolf Moser auf dem Programm. Der gebürtige St. Galler war mein Theorielehrer und hat für uns und den Cellisten August Wenzinger eine Suite geschrieben, die wir technisch bewältigen konnten. Adolf Hamm spielte den Solopart in einem Cembalokonzert von Händel, Else Popp war Solistin in einem Violinkonzert von Bach, und die Sopranistin Berthe de Vigier sang eine Händel-Arie und Mozarts «Exsultate, jubilate». Sie war verheiratet mit einem de Vigier, hatte in ihrem Aussehen einen arabischen Einschlag und besass eine phänomenale Naturstimme. In Berlin trat sie oft mit Siegfried Ochs auf, dem Leiter des «Siegfried Ochsschen Gesangvereins» und des Philharmonischen Chors. Arthur Honegger hat Berthe de Vigier sehr bewundert, und sie hat denn auch in seinem «Roi David» die Sopranpartie gesungen.

Paul Hindemith • Bereits im zweiten Kammerorchester-Konzert führten wir Fragmente aus «Das Marienleben» von Paul Hindemith auf, der am Opernhaus Frankfurt Konzertmeister gewesen war, bevor er als Bratschist im Amar-Quartett mitspielte. Mit Hindemith waren wir sehr gut befreundet. Er war der Schreck der Bourgeoisie und machte mit seiner Musik besonders jungen, revolutionär gesinnten Leuten Eindruck. Von ihm haben wir unter anderen die Fünf Stücke für Streichorchester op. 44 und die Spielmusik für Orchester op. 43 in Basel erstaufgeführt; Hindemith spielte dazu seine Solo-Violasonate op. 31 Nr. 4. Ausserdem führten wir viele seiner Werke auf, vor allem seine «Kammermusiken» (Klavier-, Violin-, Bratschen-, Orgelkonzert). Das Solo in Hindemiths berühmtem «Schwanendreher»-Konzert hat unser langjähriger Bratschist Walter Kägi im März 1940 gespielt. Für das BKO hat Hindemith im Jahre 1951 die Sinfonie «Die Harmonie der Welt» komponiert. Mehr und mehr hat er sich dann zu einer konservativen Kompositionsweise bekannt, die mit dem, was seine Musik ursprünglich ausdrücken wollte, wenig mehr zu tun hatte.

Béla Bartók • Béla Bartók begegnete ich das erste Mal im Konservatorium Basel. Dort gab er am 30. Januar 1929 zusammen mit der Geigerin Stefi Geyer und der Altistin Ilona Durigo einen Kammermusikabend, ein reines Bartók-Konzert. Es hat mich tief beeindruckt. Ich fand das grossartige Musik. Auch vom Menschen Bartók war ich sehr beeindruckt: eine starke Künstlerpersönlichkeit, der man die Disziplin, die es braucht, um ein solches Werk zu schaffen, in allem anmerkte. Béla hatte mit sieben Jahren seinen Vater verloren, der Direktor einer landwirtschaftlichen Schule gewesen war; daraufhin wurde Béla zusammen mit seiner Schwester Elza von der Mutter erzogen. Sie war Klavierlehrerin und sorgte für den Lebensunterhalt der Familie. Bartók wurde jung Klavierlehrer an der Liszt-Akademie in Budapest. Er hat mir öfters gesagt, dass er alle seine Werke während der Semesterferien komponiert habe. Er war auch Volksliedforscher und hat auf seinen langen Reisen, die ihn bis in die Türkei führten, Volksmelodien und -tänze gesammelt. Es gibt Tausende von Aufnahmen, die er mit seinem einfachen Apparat eingefangen hat. Die Aufnahmen musste er transkribieren und aufschreiben, was eine schwierige und komplizierte Arbeit war und was ein sehr gutes Gehör erforderte. Er hat das mit seinem Freund Zoltán Kodály, aber auch alleine, bewältigt; seine Sammlung ist bis heute nicht vollständig publiziert, zum Teil nicht einmal transkribiert.

Bartók weilte oft in der Schweiz in den Ferien. Ich habe selber Einblick bekommen in seine Arbeitsweise, hat er doch im Verlauf von drei Jahren in meinem Auftrag drei Werke komponiert: im Sommer 1936 die «Musik für Saiteninstrumente, Schlagzeug und Celesta», 1937 die «Sonate für zwei Klaviere und Schlagzeug» und 1939 das «Divertimento für Streichorchester». In seiner Korrespondenz ist zu lesen: «Das kann ich erst im Sommer, wenn ich in den Ferien bin, für Sie schreiben, und dann kann ich Ihnen sagen, ob es mir gelungen ist und ob Sie rechtzeitig über das Stück verfügen können.» Er war ein sehr genauer Arbeiter und hatte ganz präzise Tempovorstellungen für seine Werke. Bartók ist einer der ganz grossen Komponisten dieses Jahrhunderts. Er hat eine Tonsprache, die mit dem Rhythmus der ungarischen Sprache verbunden ist und die sich an deren Volksmusik anlehnt. Vom Chalet Aellen bei Gstaad hat er mir einmal einen schönen Brief geschrieben; darin steht, er komme sich vor wie ein Komponist aus alter Zeit, der im Haus seines Auftraggebers seine Arbeit verrichte. Bartók war während der Proben zu den Aufführungen seiner Werke ganz besonders interessiert auch an technischen Details, die ihn beschäftigten; so etwa an einem «Pizzicato glissando», bei dessen Anwendung er betonte, man müsse auch den letzten, höchsten Ton hören und verstehen. Bartók war in gewissem Sinne ein Dogmatiker, seine Einstellung zu philosophischen und religiösen Fragen war sehr kategorisch. Er war ein freidenkender Philosoph und ein treuer Patriot, der während der ungarischen Befreiungskämpfe einen ungeheuren Sammeleifer entwickelte.

Béla Bartók 1936 in Anatolien während seiner Volksmusik-Forschungsreisen vor dem Zelt eines nomadischen Bauern.
Foto G.D. Hackett

Aus Bartóks erster Ehe stammt der Sohn Béla, der immer in Ungarn gelebt hat. Nach der Trennung von Márta Ziegler heiratete Bartók die junge Pianistin Ditta Pásztory, mit der er 1937 denn auch seine «Sonate» in Basel zur Uraufführung brachte. Aus der Ehe mit Ditta stammt der zweite Sohn Peter Bartók, der seit 1942 in den USA lebt. Die beiden Söhne sind die Erben seines Werks. Béla besass vor allem die Manuskripte aus früherer Zeit und Peter das spätere Œuvre.

Die Uraufführung von Bartóks drittem Basler Werk, dem «Divertimento für Streichorchester», musste im Juni 1940 ohne den Komponisten stattfinden. Dieser bereitete damals seine im Oktober erfolgte Emigration in die USA vor. Während der Aufführung im Basler Musiksaal hörte man vernehmlich den Kriegslärm aus dem Elsass: Kanonendonner und Explosionen von Granaten erweckten mulmige Gefühle.

In seinem Abschiedsbrief bedankte sich Bartók bei mir für die Hilfe, die er erfahren hatte. In Amerika ging es ihm gesundheitlich nicht besonders gut. Für das Boston Symphony Orchestra und Serge Koussevitzky komponierte er im Jahr 1943 das Konzert für Orchester. Als der Dirigent ihm das Voraushonorar überreichen wollte, nahm es Bartók zunächst nicht an mit dem Hinweis, er sei nicht sicher, ob er den Auftrag ausführen könne. Koussevitzky musste ihn überzeugen, dass das Honorar von seiner Stiftung in jedem Fall bezahlt werde. Später entstanden die Solo-Violinsonate, die Yehudi Menuhin von ihm verlangt hatte, und das Violakonzert, das William Primrose unter Antal Dorati in Minneapolis zur Uraufführung brachte.

Bartók starb am 26. September 1945 an den Folgen einer fortgeschrittenen Polyzythämie. Er hatte noch gesagt, er verlasse die Welt mit vollem Gepäck, das heisst, dass er voller Ideen für neue Werke war. Er war ein sehr bescheidener Mensch, wusste aber auch genau um die Bedeutung seiner Werke. Eine integre Persönlichkeit, die ganz in sich selbst ruhte. Bartók war für das 20. Jahrhundert eine singuläre Erscheinung. Natürlich war er beeinflusst vom Geist seiner Zeit, von Richard Strauss, der ihn sehr beeindruckt hatte, oder auch von Claude Debussy. Aber er ist sich immer treu geblieben und hat musikalisch eine ganz eigenständige Sprache gefunden.

Stefi Geyer • Bartóks Verbindung mit der Geigerin Stefi Geyer war schwierig. Er hatte sich in sie verliebt und wollte sie heiraten, sie aber erwiderte seine Zuneigung nicht. Er wollte sie für seine Philosophie und

Die Geigerin Stefi Geyer,
für die Béla Bartók das 1. Violinkonzert komponierte.

seinen Patriotismus gewinnen. Für sie komponierte er das frühe Violinkonzert und bekannte in einem Brief: «Es ist mein Liebesgeständnis an Dich.» Sie nahm das Konzert als Geschenk entgegen, hat es aber nie gespielt. Sie übergab mir die Partitur auf dem Totenbett persönlich und sagte dabei: «Ich habe es von Bartók bekommen, es nie selber gespielt, und ich möchte, dass es jetzt gespielt wird.» Sie hat auch deutlich gesagt, dass es der Geiger Hansheinz Schneeberger spielen solle. Das war gar nicht einfach. Der damals in Amerika tätige ungarische Rechtsanwalt Bator war von Bartók als Verwalter eingesetzt worden. Bator hatte das volle Verfügungsrecht über seine Werke und fällte alle Entscheidungen, die das Urheberrecht betrafen. Als ich ihm mitteilte, dass ich das Violinkonzert im Rahmen des Bartók-Festes 1958 in Basel uraufführen wolle, antwortete er mir, er habe damit ganz andere Pläne und sei an einer Aufführung in keiner Weise interessiert. Als ich darauf bestand, stellte er die Bedingung, das Manuskript müsse in seinen Besitz übergehen. Er hat natürlich diplomatischer gesagt, in den Bartók-Fonds, aber Bator war der Besitzer der Bartók-Sammlung. Ich musste die Bedingung akzeptieren und übergab ihm die Partitur. Die Uraufführung des Violinkonzerts fand dann am 30. Mai 1958 in Basel mit Schneeberger als Solisten statt.

Igor Strawinsky • Igor Strawinsky war für mich der grösste Komponist unserer Zeit. Ich habe viele Werke von ihm gehört, studiert, gelesen, einstudiert und dirigiert und stand unter dem Eindruck dieser gewaltigen Persönlichkeit. In gewissem Sinne gab es eine Verbindung mit Bartók; Strawinsky hat in seiner Art ebenso eigenständig komponiert. Seine russische Periode, wohl eine der stärksten überhaupt, zeitigte Werke, die nicht nur von begeisterten Anhängern, sondern genauso von jedem denk- und urteilsfähigen Musiker als Meisterwerke betrachtet werden müssen. Das gilt für «L'Histoire du soldat» wie für «Les Noces», ebenso für «Le Sacre du printemps» – skandalumwitterte Stücke, die damals die Musikzentren der Welt in Atem hielten.

Man musste Strawinsky auch einmal als Dirigenten gesehen haben, um seine Auffassung seiner Musik, wie er sie selber gehört und verstanden hat, kennenzulernen und zu beobachten.

Das erste Konzert mit ihm und dem Basler Kammerorchester fand am 2. Oktober 1930 statt. Strawinsky dirigierte seinen «Apollon musagète» und spielte das «Capriccio» als Solist am Klavier. Es war für ein so junges Ensemble und für mich als jungen Dirigenten sehr ehrenvoll, mit Strawinsky als Partner auftreten zu dürfen. Ich habe im Verlauf der Zeit wahrscheinlich von keinem anderen Komponisten so viele Werke dirigiert wie von Strawinsky, weil ich von der Bedeutung seiner Stücke vollkommen überzeugt war. Bewundernswürdig ist auch Stra-

Mit Igor Strawinsky und Conrad Beck im Schmiedenhof Basel
nach der Probe zum BKO-Konzert vom 2. Oktober 1930, bei dem
Becks 5. Sinfonie uraufgeführt wurde und bei dem Strawinsky seinen
«Apollon Musagète» dirigierte und den Klavierpart in seinem
«Capriccio» spielte.

winskys letzte Periode, in der er nach den Regeln der Zwölftonmusik komponiert hat. Das ist wohl ein geistiges Training, das härter nicht hätte sein können. Er war ein Mann von Welt. Seine Kompositionen verkaufte er in Form von Aufträgen an den Auftraggeber, verhandelte dabei geradezu nach kaufmännischen Regeln über die Abwicklung der Bezahlung und die Modalitäten der Ablieferung seines Werks. Strawinsky war wirklich kein Kostverächter. Er kannte auch die schönen und angenehmen Seiten des Lebens sehr gut und widmete ihnen die nötige Zeit. Seine Werke schuf er mit aussergewöhnlicher Disziplin und ungeheurem Einsatz. Aus den Partituren und dem Schriftbild der Autographen ist ablesbar, wie bei Strawinsky das Streben nach Perfektion, der Denkvorgang zu einer musikalischen Lösung geführt hat. Er und Arnold Schönberg haben jahrelang in derselben Stadt Los Angeles gelebt, einander sehr wenig gesehen, kaum gut gekannt. Auf alle Fälle ist, was ihre Arbeit angeht, jeder seinen eigenen Weg gegangen, und keiner hat sich um den anderen gekümmert. Es gibt dazu ein Parallele im 18. Jahrhundert: Johann Sebastian Bach und Georg Friedrich Händel hatten auch nicht die Verbindung, die man sich hätte vorstellen können. Bach hat aber immer die Begegnung mit Händel gesucht. Er hat sich einmal zu Fuss aufgemacht, um ihn zu treffen und dann zu erfahren, dass Händel in der Früh vierspännig davongefahren sei …

Arthur Honegger • In der dritten Saison des Basler Kammerorchesters haben wir den «Roi David» von Arthur Honegger im Juni 1929, damals in der deutschen Übersetzung von Hans Reinhart, einstudiert. Zu meinem Erstaunen war der Komponist im Publikum und hat sich die Aufführung angehört. Er war von den Leistungen von Chor und Orchester sehr angetan. Honegger ist der Komponist, der mir künstlerisch und menschlich am nächsten stand. Ich habe einen grossen Teil seines Œuvres dirigiert, und durch verschiedene glückliche Umstände bestand auch die Gelegenheit, einige seiner wichtigen Werke erstmals aufführen zu können, so das Oratorium «Jeanne d'Arc au bûcher» mit dem BKO im Mai 1938.

Honegger wurde als Sohn von Schweizer Eltern in Frankreich geboren. Er absolvierte sogar die Schweizer Rekrutenschule. Aber er wollte

Honeggers «Johanna auf dem Scheiterhaufen»
in der Basler Erstinszenierung von Friedrich Schramm
mit Colette Lorand in der Titelpartie vom 10. Februar 1951.
Foto Eidenbenz

immer in Frankreich leben und nie in der Schweiz seinen Wohnsitz aufschlagen. Er erlebte die deutsche Besatzung während des Zweiten Weltkriegs in Paris, wollte mit den Franzosen im besetzten Paris leben und hatte viele französische Freunde auch unter den Komponisten. Honegger war eine offene und liebenswürdige Natur, es war leicht, zu ihm Kontakt zu finden. Er stand mit seinen «confrères» in freundschaftlicher Verbundenheit. Er war eine sportliche Erscheinung und nahm an sportlichen Anlässen teil; ein optimistischer, Wohlbehagen und Kraft ausströmender Mensch, der mit Stolz seinen offenen Bugatti-Wagen steuerte. Er hatte eine besondere Ausstrahlung, war witzig, geistreich und genoss die Freuden des Lebens. Das schloss nicht aus, dass er über die Entwicklung der Menschheit nachdachte und dabei zu negativen Urteilen kam. Bei seinem letzten Amerika-Aufenthalt ereilte ihn das Schicksal: Er hatte einen schweren Herzinfarkt, den er zwar überstand, der ihm aber grosse Einschränkungen auferlegte. Sein späterer Pessimismus, der in seinen Schriften ablesbar ist, war Ausdruck schlechter Erfahrungen und unglücklicher Ereignisse. Aber ich hatte immer den Eindruck, dass sein Glaube an das Leben, an die Natur stärker war. Schon zu Beginn unserer Bekanntschaft hatte ich den Wunsch geäussert, Honegger möge ein Orchesterstück für Streichorchester schreiben. Dieser Wunsch ist durch die Uraufführungen der Zweiten Sinfonie im Mai 1942 und der Vierten Sinfonie mit dem Untertitel «Deliciae Basilienses» im Januar 1947 in Erfüllung gegangen. Zwei Ausdrucksbereiche zeichnen Honeggers Musik besonders aus: ein hymnischer Zug, den man seit dem «Roi David» kennt, der aber auch noch in den letzten Werken, in der «Weihnachtskantate» sowie in «Danse des Morts» hörbar ist, und eine sachte, sensible, fast zerbrechliche Lyrik. Er hatte auch etwas Visionäres, das ihn immer wieder zu biblischen Stoffen führte.

Die Freundschaft mit Honegger und seine Musik haben mein Leben ständig begleitet. Seine Werke gehörten zu meiner musikalischen Tätigkeit als Dirigent. Ich denke ganz besonders an die Einbettung seiner Musik in einen Zusammenhang mit Aufführungen älterer Musik: Händel, Rameau, Scarlatti, Gluck, Bach, Purcell, Carissimi, Buxtehude, Schütz und Palestrina. Die Integration in einen Programmzusammenhang mit ganz anderer Musik, die 200 Jahre vorher komponiert worden ist, hat in gewissem Sinne auch Massstäbe gesetzt für die Qualität der Honeggerschen Kompositionen. Ein weiterer Zug in seinem Schaffen war das Rhythmische, Motorische und Sportliche, ausgedrückt in seinen Symphonischen Sätzen, in «Pacific 231» und «Rugby». Das wohl am meisten gespielte Werk war die 1930 entstandene Operette «Les Aventures du Roi Pausole». Sie wurde ein Jahr lang en suite aufgeführt. Honegger hat es als sein finanziell erfolgreichstes Werk bezeichnet.

Gesellige Runde: (v.l.n.r.): Arthur Honegger, Tochter Pascale Honegger, die Altistin Elsa Cavelti, Andrée Vaurabourg und Paul Hindemith. Nach dem BKO-Konzert vom 25. Januar 1952 mit drei Uraufführungen von Goffredo Petrassi, Frank Martin und Paul Hindemith. Foto Rolf Jeck

Frank Martin nach der Uraufführung seines Violinkonzerts beim BKO-Konzert vom 24./25. Januar 1952. Foto Rolf Jeck

Er hat den Gewinn allerdings sogleich verspielt. Das Geld hat er einem Bankier gegeben, der es schlecht verwaltet hat. Er ist also daran nicht reich geworden.

Honegger war oft sehr still und sprach kein Wort. Er fiel in eine Art Depression. Ob er in diesem Zustand auch noch komponiert hat, ohne Papier und Bleistift, einfach nur innerlich, weiss ich nicht. Aber ich bin überzeugt, dass diese Haltung zum schöpferischen Prozess geführt hat.

Andrée Vaurabourg, Arthur Honeggers Frau, war ebenfalls Musikerin. Sie unterrichtete in Paris Kontrapunkt. Pierre Boulez studierte bei ihr. Die «Vaura», wie wir sie nannten, war eine hochbegabte Musikerin, ausgestattet mit einem phänomenalen Gehör. Sie stand Arthur immer bei und hat auch etliche Seiten seiner Partituren eigenhändig geschrieben, wenn eine längere Partie kam, die voraussehbar war. Die Tochter, Pascale Honegger, ist als Erbin des Werks ihres Vaters eingesetzt, kümmert sich um den Druck der Werke und ist gewiss auch am Erfolg beteiligt, während der Sohn Jean-Claude Honegger als Ingenieur zurückgezogen in Frankreich lebt. Die Honeggers haben oft bei uns auf dem Schönenberg gewohnt. Wir haben auch einige Reisen gemeinsam unternommen. So sind wir in Irland mit dem Auto von der Ostküste dem Meer entlang bis zur Westküste gefahren und haben die wunderbare Natur des Landes kennengelernt. Einmal war ich dort bei einem Friseur. Über dem Waschtisch hing ein Bild vom Thunersee. «Ja, das ist der Thunersee», sagte der Coiffeur, «mein Chef ist Schweizer und lädt Sie ein, ihn nachher zu besuchen.» Ich wurde dann in den ersten Stock geführt. Dieser Kompatriot erzählte mir, wie schön es sei, in Irland zu leben, wie gut es ihm gehe und dass er mit keinem Menschen tauschen wolle. «Ich reite jeden Tag. Ich verdiene sehr gut Geld in diesem Land. Ich würde nie daran denken, in die Schweiz zurückzukehren. Ich habe hier ein Paradies gefunden.» Die Irländer sind eben keine Arbeitsfanatiker. Ich traf einmal am Strand einen jungen Irländer und fragte ihn: «Haben Sie heute keine Arbeit?» Da antwortete er: «Ich denke nicht daran zu arbeiten, solange ich Geld habe.»

Frank Martin • Frank Martin war in den zwanziger Jahren, als ich ihn kennenlernte, hierzulande ein Geheimtip. Er war ein schöner, grosser Mann mit einem edlen Haupt, eine auffällige, noble Erscheinung. Er war, wie Bohuslav Martinů, im Jahre 1890 geboren, stammte aus einem protestantischen Pfarrhaus und war ein Vertreter des calvinistischen Geistes. Martin war einer der wenigen Westschweizer Komponisten, die regelmässig an den Festen des Schweizerischen Tonkünstlervereins erschienen. Er war auf der Suche nach seinem Stil. Ich habe später auch seine frühen Werke aufgeführt, wie die drei symphonischen Sätze «Rhythmes» oder die Erste Sinfonie, später das Stück, mit dem er weltweit berühmt wurde, die mir gewidmete «Petite symphonie concertante». Der Kern dieses Werks sind die Soloinstrumente, Klavier, Harfe und Cembalo. Martin hat mit diesen Instrumenten einen Klang produziert, der neu und faszinierend war. Dieses Stück stand am Anfang seines Ruhms, zusammen mit dem Kammeroratorium «Le Vin herbé» für zwölf gemischte Stimmen, sieben Streichinstrumente und Klavier nach dem Roman «Tristan et Iseut» von Joseph Bédier. Martin hatte, was für einen Romand erstaunlich ist, eine enge Verbindung zur deutschen Dichtung. Ein erfolgreiches Werk ist «Der Cornet» nach der Dichtung Rainer Maria Rilkes «Die Weise von Liebe und Tod des Cornets Christoph Rilke». Martin hatte das Werk für die Altistin Elisabeth Gehri komponiert. Sie sollte es uraufführen, ihre Stimme erkrankte jedoch an Weihnachten 1944, und sie konnte überhaupt nicht mehr singen. Eingesprungen ist dann Elsa Cavelti, die in der Uraufführung im Februar 1945 in Basel mit grossem Erfolg sang. Sein erstes, allgemein bekanntes Oratorium war «In Terra Pax», das 1945 zur Uraufführung kam. Ich habe es mit dem Kammerchor und Kammerorchester im Mai 1946 zur Basler Erstaufführung gebracht. Unter den grossen Werken liegt mir «Le Mystère de la Nativité» am nächsten, eine Art Weihnachtsoratorium für Soli, zwei Chöre und Orchester. Mit ihm habe ich mich intensiv auseinandergesetzt. Weitere Stücke, die populär wurden, sind das «Concerto» für sieben Blasinstrumente, Pauken, Schlagzeug und Streichorchester, die «Ballade» für Flöte, Streichorchester und Klavier, das Violinkonzert, das Hansheinz Schneeberger im Januar 1952 zur Uraufführung brachte, und das Cellokonzert, das Pierre Fournier im Januar 1967 erstmals spielte. Fournier hatte zuerst offensichtlich Mühe, sich das Werk anzueignen, aber er hat es dann zur Perfektion gebracht. Eine gewisse Spezialität in meinem Frank Martin-Repertoire ist die Ballettmusik «Das Märchen vom Aschenbrödel», die das BKO im März 1942 mit einer Tanzgruppe von Marie-Eve Kreis und Lisa Mutschelknaus im Basler Stadttheater uraufführte.

Frank Martin war häufig zu Gast auf dem Schönenberg und wohnte auch längere Zeit bei uns. Bei einer Gelegenheit haben wir uns mit seinem Freund, dem früh verstorbenen Pianisten Dinu Lipatti getroffen. Martin war während einiger Zeit auch Präsident des Schweizerischen Tonkünstlervereins. Wer ihn gekannt hat, denkt mit grosser Liebe an diesen Menschen zurück.

Hansheinz Schneeberger nach der Uraufführung von
Frank Martins Violinkonzert beim BKO-Konzert vom 25. Januar 1952.
Foto Rolf Jeck

Bohuslav Martinů • Nahe Beziehungen unterhielt ich mit dem tschechischen Komponisten Bohuslav Martinů. Das erste Stück, das mir seine Musik nahegebracht hat, ist das 1938 entstandene Doppelkonzert für Streichorchester, Klavier und Pauken. Martinů brachte die Partitur auf den Schönenberg mit, als er auf dem Weg nach Prag war. Während seines Aufenthalts erfolgte Hitlers Einmarsch in die Tschechoslowakei. Er ist dann nicht mehr zurückgefahren, sondern nach Amerika emigriert. Martinů war ein stiller Mensch. Sein Vater war Turmwächter. Der junge Bohuslav lebte ausschliesslich auf dem Turm und soll bis zu seinem zwölften Lebensjahr den Erdboden nie betreten haben. Er studierte in Prag Violine und spielte als zweiter Geiger in der Tschechischen Philharmonie. Sein Lebensziel und seine Passion war die Komposition, er war immer im Begriff zu lernen. Auch durch intensive Lektüre wollte er sich bilden, wollte mehr wissen und verstehen. So ist dann das Oratorium entstanden, das er meiner Frau Maja gewidmet hat: «Das Gilgamesch-Epos», das wir im Januar 1958 zur Uraufführung brachten. Während der Arbeit an seiner «Toccata e due Canzoni» 1946 in Amerika hatte Martinů einen schweren Unfall, von dem er sich nie ganz erholt hat.

Martinůs Werke lassen sich sehr gut mit älterer Musik kombinieren, zumal er öfters darauf direkten Bezug nimmt. In seinen Sinfonien und im Orchesterwerk «Lidice» knüpft er an die grossorchestrale tschechische Tradition an. In Amerika ist Martinů vor allem durch Charles Münch und das Boston Symphony Orchestra viel gespielt worden. Er hat sich während seiner Aufenthalte in Basel und auf dem Schönenberg auch mit meiner Frau angefreundet, die viel Verständnis hatte für seine gemütvolle Natur und seine grosse Phantasie als Mensch und Künstler. Er ist dann sehr krank geworden und musste ins Kantonsspital Liestal eingeliefert werden. Meiner Frau gegenüber hat er den Wunsch geäussert, am Waldrand oberhalb des Schönenbergs begraben zu werden. Sie hat bei ihrem Versprechen nicht daran gedacht, dass man in der Schweiz nur auf einem Friedhof beigesetzt werden darf. Sie hat wie eine Löwin gekämpft und dem zuständigen Beamten gesagt, er müsse da eine Ausnahme machen, denn sie habe ihm die letzte Ruhestätte am Schönenberg versprochen. Der Beamte konnte sich der Übermacht dieser Argumentation nicht widersetzen und erlaubte die Beisetzung bis zur Fertigstellung des neuen Friedhofs in Pratteln. Die Witwe Charlotte Martinů wollte später, dass ihr Mann einst in seinem Heimatland neben ihr beerdigt werde. Sein Leichnam wurde dann ausgegraben und kam in die Tschechoslowakei. Nun ruht er auf dem Friedhof seines Geburtsorts Polièka.

Martinů war eine zu Herzen gehende Erscheinung. Er war sehr echt, überzeugend und ausserordentlich phantasiebegabt, auch in seinen

Paul Sacher, Charlotte Martinů, Maja Sacher, Bohuslav Martinů
im September 1948 auf dem Schönenberg in Pratteln.

Äusserungen über das Leben. Er hatte eine unglaubliche Leichtigkeit in der Komposition und hinterliess ein riesiges Œuvre. Ein berühmter amerikanischer Geiger hatte Martinů einst den Auftrag zur Komposition eines Violinkonzerts gegeben. Als Martinů dem Geiger die fertige Partitur überreichte, stellte dieser bei der Durchsicht seiner Stimme einen «schwierigen Griff» fest. Die Bemerkung gefiel Martinů keineswegs, wusste er doch als Geiger genau, was er einem Solisten zumuten konnte. Er nahm die Partitur zurück und sagte dem Geiger: «Ich komme wieder vorbei, wenn ich das in Ordnung gebracht habe.» Nach zwei Wochen stand er wieder da, und der Geiger musste erstaunt feststellen: «Das ist ja ein ganz anderes Stück!» Martinůs Antwort: «Ja, das andere hat Ihnen ja nicht gefallen.» Es war für ihn eben kein Problem, innerhalb von zwei Wochen ein ganz neues Violinkonzert zu schreiben.

Richard Strauss • Ich bekam einst einen Telefonanruf von Willi Schuh, dem Musikwissenschaftler und damaligen Redaktor der Neuen Zürcher Zeitung, der während einer Generation das musikalische Feuilleton geprägt hat. Der nachmalige Strauss-Biograph fragte mich im Namen und Auftrag des Komponisten Richard Strauss, ob ich bereit sei, diesem einen Auftrag zu erteilen. Ich sagte ihm, es sei nicht der Musikstil, den ich pflege, aber Richard Strauss sei ohne Zweifel ein grosser Meister, der längst in die Musikgeschichte eingegangen sei, und wenn dieser etwas für mich schreiben wolle, dann selbstverständlich gerne. Strauss wollte mich sehen und kam in die Schweiz, als Deutschland in Schutt und Asche lag. Die Orte seiner gewaltigen künstlerischen Erfolge waren verloren. Dresden und alle Opernhäuser waren zerstört. Nichts mehr, kein Stein stand auf dem anderen, und Strauss kam gewiss in die Schweiz, um vom Leben Abschied zu nehmen. Ich reiste nach Baden. In der Hotelhalle des Verenahofs trafen wir uns, und Strauss bemerkte, er habe gerade zum zweiten Mal in seinem Leben den ganzen Goethe gelesen. Ich entgegnete auf gut Glück: «Sie haben mit den ‹Wahlverwandtschaften› aufgehört.» Das war richtig. Dann forderte er mich auf, seine Frau zu besuchen. Er sagte: «Meine Frau ist nicht wohl, aber sie würde Sie doch gerne sehen.» Das war gewissermassen eine Voraussetzung für die Annahme des Auftrags. Wir stiegen in ihr Zimmer hoch. Da lag ein hübsches, altes Weiblein in der Ecke eines grossen Bettes und forderte mich auf, auf dem Bettrand Platz zu nehmen. Ich unterhielt mich ein bisschen mit ihr. Plötzlich sagte Strauss: «Sie ist einverstanden.» Sie hatten wahrscheinlich ihre geheime Zeichensprache. Dann kamen wir zum Geschäftlichen. Strauss fragte, wie gross mein Orchester besetzt sei. Ich zählte ihm auf: 8 erste und 6 zweite Violinen, 4 Bratschen, 4 Celli, 2 Kontrabässe. Und er schrieb seine «Metamorphosen für 23 Streicher» (er hat nicht genau Rücksicht

Mit Richard Strauss 1946 bei der Auftragserteilung der «Metamorphosen» im Hotel Verenahof in Baden. Foto Peter Zimmermann

genommen auf die Zahlen, die ich ihm genannt habe). Ich war von dieser Komposition, das gestehe ich offen, sehr angetan. Sie hat mir sehr gut gefallen, und ich habe Strauss dann gefragt, ob er nicht Lust hätte, einmal zu einer Probe zu kommen. Er kam im Januar 1946 in die Zürcher Tonhalle zur Probe des Collegium Musicum. Auf dem Weg sagte Strauss: «Hätten Sie etwas dagegen, wenn ich das Stück einmal selber dirigierte?» Dann dirigierte er das ganze, fast halbstündige Werk ohne Unterbrechung. Zum Schluss sagte er: «Ich danke Ihnen, meine Damen und Herren», ging nach Hause und kam nicht ins Konzert. Er hatte keine Lust, sich vor dem Publikum zu zeigen. Nach einiger Zeit rief Schuh wieder an und sagte: «Strauss fragt, ob Sie die Partitur, das Manuskript dazukaufen wollen?» Ich entgegnete: «Aber natürlich, was kostet das?» – «Noch einmal das Kompositionshonorar», kam die Antwort prompt. Ich war einverstanden. Es verging einige Zeit, da rief Schuh, sichtlich geniert, wieder an und sagte: «Strauss sagt mir, das Manuskript, das er Ihnen verkauft hat, ist nicht die Urschrift, sondern eine Abschrift. Strauss will wissen, ob Sie auch die Urschrift haben wollen.» Ich antwortete: «Gerne – noch einmal das Kompositionshonorar?» Seither besitze ich zwei Partituren bzw. zwei Manuskripte der «Metamorphosen» von Richard Strauss.

Glyndebourne • Mit Opern konnte ich eigene Erfahrungen sammeln, als ich in Glyndebourne, diesem privaten Opernhaus im Süden Englands, während einiger Jahre dirigierte. Da war ein hervorragender Regisseur, der in überzeugender Weise den Sängern seine Ideen vermitteln konnte: Carl Ebert erarbeitete die Opern aus dem Geiste der Musik heraus und formte die Sänger zu Schauspielern, die seine Vorstellungen umsetzten. In Glyndebourne dirigierte ich mehrmals Igor Strawinskys «The Rake's Progress», Mozarts «Zauberflöte» und «Die Entführung aus dem Serail». Das waren für mich ganz wunderbare, eindrückliche Opernaufführungen vor einem sehr anspruchsvollen Publikum und in einer herrlichen Umgebung.

Richard Wagner und Bayreuth • Ein ganz anderes Opernerlebnis hatte ich, nebenbei bemerkt, mit Richard Wagners Bühnenweihfestspiel «Parsifal». Danach war mir richtiggehend elend zumute. Ein Erlebnis, das meine schwierige Einstellung zu Wagner prägte. Ich fand diese Musik scheusslich, pathetisch und unecht. In mir sträubte sich eigentlich alles dagegen. Ich bin mir zwar bewusst, dass Wagner ein bedeutender und grosser Komponist ist, aber für mich gibt es in seiner Musik abstossende Elemente. Es ist ja bekannt, dass Bayreuth die besondere Gnade und Zuneigung von Adolf Hitler genossen hat, und es gibt in dieser Musik Dinge, von denen ich denke, dass sie sehr gut zum «Führer» und seiner Bewegung passen. Ich stand Wagner zeitlebens ablehnend gegenüber. Mein Freund Pierre Boulez hat auf dem Grünen Hügel zwar dirigiert und mich auch eingeladen, als sein Gast Bayreuth zu besuchen. Ich habe dankend abgelehnt, da ich den Besuch gewiss schlecht ertragen hätte. Ich habe mich gewundert, dass Boulez diese Aufgabe übernommen hat. Wenn ich darüber nachdenke, führe ich das auf seine Unersättlichkeit in musikalischen Dingen zurück.

Pierre Boulez • Pierre Boulez ist eine singuläre, universale Persönlichkeit in unserem Musikleben, sowohl als Erfinder neuer Musik wie als Interpret, Dirigent, Schriftsteller, aber auch als mitreissender Gründer des kreativen Pariser Instituts IRCAM, des Institut de Recherche et Coordination Acoustique/Musique. Boulez ist eine Jahrhundert-Erscheinung, die Geschichte gemacht hat und weiter machen wird.

Ernst Krenek • Ernst Krenek ist sehr alt geworden. Seine tschechische Mutter hat ihm ungeheure Lebenskräfte mitgegeben, geistige wie körperliche. Seine intellektuellen Fähigkeiten waren grenzenlos, und seine Schöpferkraft drängte ihn immer wieder in neue Welten. «Johnny spielt auf» war ein Welterfolg, «Karl V.» war sein Testament. Für mich hat Krenek ein «Symphonisches Stück für Streichorchester» und die sinfonische Zeichnung «Kette, Kreis und Spiegel» komponiert, die im Juni 1940, beziehungsweise im Januar 1958 uraufgeführt worden sind.

Wolfgang Fortner • Wolfgang Fortner kam von der evangelischen Kirchenmusik her. Er war einer der hervorragendsten Kompositionslehrer unserer Zeit. Unter den sechs Auftragswerken bleibt mir «The Creation» für Bariton und Orchester als ein in jeder Hinsicht sehr anspruchsvolles Werk in besonderer Erinnerung. Dietrich Fischer-Dieskau hat es schon in der ersten Orchesterprobe im Februar 1955 nicht nur fehler- und akzentfrei, sondern auf Anhieb konzertreif vorgetragen.

Witold Lutosławski • Ein ganz grosser Künstler war der polnische Komponist Witold Lutosławski. Besonders ergriffen hat mich schon das erste seiner Werke, dem ich begegnet bin, seine «Trauermusik in memoriam Béla Bartók». Für Heinz und Ursula Holliger und mich schrieb er das Doppelkonzert für Oboe, Harfe und Kammerorchester, das im Januar 1980 in Luzern zur Uraufführung kam. Und für die Geigerin Anne-Sophie Mutter hat er den Dialog «Chain II» komponiert. Lutosławskis Tod hat mich sehr getroffen. Ich werde diesen noblen Menschen immer in Erinnerung behalten.

Hans Werner Henze • Hans Werner Henze ist einer der erfolgreichsten Schöpfer seiner Generation. Er leidet darunter, dass die Freunde der Zwölftonmusik seinem Œuvre nicht die ihm gebührende Anerkennung zollen. In der Oper wie im Konzertsaal führend und erfolgreich, lebt Henze in der Nähe von Rom wie ein König in seinem Haus, das mitten in einem Olivenhain steht, manchmal belastet von der Nazi-Vergangen-

Benjamin Britten. Foto Clive Shruft

heit seines Vaters. Die mir gewidmeten Werke sind mir sehr nahe. Die «Sonata per archi» (1957/58) verdient besondere Aufmerksamkeit.

Luciano Berio • Luciano Berio ist neben Nono der im Rampenlicht stehende italienische Komponist mit der grössten internationalen Ausstrahlung. Ein perfekter Musiker, umfassend gebildet, fleissig und fruchtbar. Viele seiner Werke finden sich in den Programmen des Basler Kammerorchesters und des Collegium Musicum Zürich, so der Maja und mir gewidmete «Corale» (su «Sequenza VIII per violino solo»). Ein Erfolgsstück ohnegleichen sind die «Folk Songs». Raffiniert gesetzt und von seiner verstorbenen ersten Frau, der legendären Sängerin Cathy Berberian vorgetragen, sind sie zu eigentlichen «Schlagern» geworden.

Cristóbal Halffter • Der Spanier entstammt einer aus Deutschland eingewanderten Musikerfamilie. Seine auffallende Eleganz unterscheidet ihn stark von den meisten seiner Zeitgenossen. Seine ausgesuchte Höflichkeit lässt erahnen, dass er auch mit den Sitten des spanischen Hofs vertraut ist. Seine Frau ist eine geborene Alba, und die Familie wohnt im alten, angestammten Schloss. Cristóbal ist mir besonders auch als Jurymitglied aufgefallen. Er war in der Lage, in kürzester Zeit fundierte Urteile über die vorgelegten Partituren abzugeben. Seine Musik ist spontan, teilt sich dem Zuhörer unmittelbar mit, und man hört, wie perfekt der Schöpfer sein Metier beherrscht. Sein «Tiento» und das «Doppelkonzert» sind Maja und mir gewidmet.

Wolfgang Rihm • Wolfgang Rihm schreibt ebenso wollüstige Musik, wie sein literarisches Werk exzellent ist. Die drei Werke, die er in meinem Auftrag geschrieben hat, sind mir sehr kostbar: «Gebild», «Dunkles Spiel» und «Gesungene Zeit».

Benjamin Britten • Ein enges Verhältnis zur Musik Englands habe ich vor allem durch die Werke Henry Purcells gewonnen. Es führte schon früh zur Begegnung mit Benjamin Britten, dessen begnadete Begabung so offensichtlich wie sein Charme war. Ich versuchte hartnäckig, aber erfolglos, ihn zur Annahme eines Kompositionsauftrags zu bewegen. Erst 1959 im Hinblick auf das 500jährige Bestehen der Universität Basel lenkte Britten ein und schrieb als musikalischen Beitrag zum Festakt die Cantata academica «Carmen Basiliense», die ich mit dem Tenor Peter Pears am 1. Juli 1960 zur Uraufführung brachte.

Sándor Veress • Der 1907 in Transsylvanien geborene Ungar Sándor Veress war Assistent von Béla Bartók in Budapest gewesen und lebte seit 1950 in Bern. Als Lehrer hatte er einen grossen Einfluss auf die Generation von Heinz Holliger, der sich für Veress' Werk und seine Verbreitung intensiv einsetzt.

Willy Burkhard, Albert Moeschinger, Conrad Beck • In den BKO-Konzerten haben wir immer wieder auch Werke von Schweizer Komponisten aufgeführt. Willy Burkhard war Kompositionslehrer am Zürcher Konservatorium, Albert Moeschinger in Bern und Musik-Abteilungsleiter am Radio Basel. Beck hat als Schüler von Nadia Boulanger in Paris gelebt, wo seine Werke von allen bedeutenden Dirigenten aufgeführt wurden. Bei der Gründung des Basler Kammerorchesters hatte Conrad Beck bereits ein beachtliches Ansehen. Die Dirigenten Walther Straram, Ernest Ansermet und Charles Münch warteten ungeduldig auf seine neuen Werke, um sie in ihre Programme aufnehmen zu können. Es ist Conrad Beck gelungen, mit eiserner Disziplin einen Stil zu pflegen, der durch knappe Formulierung elementar wirkt. Sein umfangreichstes Werk ist das 1952 entstandene Miserere «Der Tod zu Basel», ein Oratorium ganz persönlichen Zuschnitts. Beck gehörte der «Ecole de Paris» an und stand zusammen mit dem Tschechen Bohuslav Martinů, dem Ungarn Tibor Harsanyi, dem Rumänen Marcel Mihalovici und dem Russen Alexander Tscherepnin an der Spitze der damaligen musikalischen Entwicklung. Willy Burkhard ist in ganz anderer Weise in mein Leben getreten. Sein Oratorium «Das Gesicht Jesajas», einer schweren Krankheit abgerungen, überzeugte mich durch die Kraft der Aussage und die kompositorische Gestaltung.

Wladimir Vogel • Einer der Musiker, die 1933 in die Schweiz immigrierten, war der 1896 in Moskau geborene Wladimir Vogel. Der Deutsch-Russe hat durch sein Vokalwerk «Wagadus Untergang durch die Eitelkeit», das Hermann Scherchen 1935 an der Brüsseler Weltausstellung uraufführte, Aufsehen erregt. In meinem Auftrag entstand unter anderem 1976 die «Komposition für Kammerorchester». Vogel lebte seit 1935 in Ascona und übte eine intensive Lehrtätigkeit aus. Seine Schüler waren u.a. Rolf Liebermann und Jacques Wildberger. Letzterer sowie sein Kollege Robert Suter waren Wladimir Vogel als ihrem Vorbild in besonderer Weise verbunden.

Heinz Holliger • Heinz Holliger ist schon in jungen Jahren als grosse Begabung mit ausserordentlichen Fähigkeiten in Erscheinung getreten. Ein Oboist, der seinem Instrument sowohl engelhafte Zartheit wie auch virile Kraft entlockt und darauf bis anhin ungehörte Töne hervorbringt. Ebenso souverän vermag er sich auf dem Klavier auszudrücken, er scheint überhaupt im musikalischen Ausdruck keine Grenzen zu kennen. Am erstaunlichsten ist Holliger indes in der musikalischen Erfindung. In den oft leisen Tönen liegt eine ungeheure Sprengkraft an Ideen, sein Hinabsteigen in die Tiefen einer geheimen Welt rührt an die menschliche Seele. Holliger ist eine der grössten Erscheinungen in der musikalischen Landschaft unserer Zeit. Maja und mir hat er sein Orchesterwerk «Atembogen» gewidmet.

Klaus Huber • Klaus Huber zählt zu den führenden Schweizer Komponisten seiner Generation. Seine Werke sind Wegmarken, die Zeichen politischer wie religiöser Bekenntnisse setzen. Mir gewidmet hat Huber sein 1966/67 komponiertes Orchesterwerk «Tenebrae».

Rudolf Kelterborn • Das umfangreiche Werk von Rudolf Kelterborn hat mich seit seiner frühen Zeit begleitet. Eine Persönlichkeit von exquisiter Begabung und Kultur, die den Aufgaben und Bedürfnissen unserer Welt zugewandt ist, versehen mit der Fähigkeit zum Umgang mit Menschen und mit dem Blick für das Erreichbare.

Norbert Moret • Norbert Moret hat weitgehend unbeachtet in Fribourg gelebt, bis in den siebziger Jahren an einem Tonkünstlerfest ein kurzes Kammermusikwerk erklang, das meine Aufmerksamkeit auf ihn lenkte. Dies war der Anfang einer engen Verbindung, die einige Uraufführungen beim BKO wie beim CMZ zur Folge hatte, so die «Hymnes de silence», «Two Love Poems», «Visitations» sowie das von Mstislav Rostropovitch Ende Oktober 1988 uraufgeführte Cellokonzert, das Doppelkonzert und das Tripelkonzert. Neben Morets Musik hat mich auch seine Fähigkeit fasziniert, seine Landschaft, seine Heimat, sein Leben zu beschreiben und uns so teilhaben zu lassen an einer schönen Lebensgeschichte.

Mstislav Rostropovitch und Galina Vischnewskaja • Die Rostropovitchs, d.h. der Cellist und Dirigent Mstislav Rostropovitch und seine Frau, die Sängerin Galina Vischnewskaja, hatten Maja und mich einst zur Einweihung ihres neuen Heims in Paris eingeladen. Die Ausstattung der eleganten Wohnung im russischen Stil gab einem das Gefühl, in St. Petersburg zu weilen und nicht in Paris an der Avenue Georges Mandel. Einer der ersten eintreffenden Gäste war die Fürstin Grace von Monaco. Sie stellte sich mit dem Rücken zur Fensterwand und beobachtete die Neuankömmlinge. Bei Tisch hatte sich der Hausherr meine Frau Maja und die Fürstin als Nachbarinnen ausgesucht. Ich wurde zwischen Fürstin Grace und Nina Kandinsky gesetzt. Die Witwe des berühmten Malers war eine Dame «d'un certain âge», jugendlich wirkend, lebhaft und anspruchsvoll. Sie war der Meinung, Fürstin Grace habe Mstislav Rostropovitch als Tischherrn und ihr stehe ein uneingeschränkter Anspruch auf mich zu. Sie lud mich zu einem Besuch in ihr Chalet in Gstaad ein, wo sie einen Teil des Sommers verbrachte. Sie trug auffällig viel Schmuck auf sich. Ich fragte sie, warum sie sich wie einen Weihnachtsbaum schmücke. Sie habe kein Vertrauen in Banken und andere Sicherheitseinrichtungen, war die Antwort. Ich fand ihr Verhalten ziemlich gefährlich und warnte sie. Als ich im Sommer 1979 ein Konzert mit dem Collegium Musicum Zürich in der Kirche Saanen dirigierte, musste ich zum Auftritt auf das Podium durch das Kirchenschiff schreiten. Nina zog mich beim Frack und fragte: «Tu viens?» Bei meinem Besuch bei ihr war ein deutscher Kunsthistoriker anwesend, der die Teestunde mit einer professionellen Neugier belastete. Das befürchtete Unglück ereignete sich kurz danach: Nina wurde grausam ermordet und ihrer herrlichsten Edelsteine beraubt.

Eine königliche Begegnung fand im Buckingham-Palast statt. Mstislav Rostropovitch rief mich mitten in der Nacht um drei Uhr an und sagte: «Du musst geben Auftrag für Königin.» Es ging um den Geburtstag der Königin-Mutter, bei dem ein Konzert mit eigens dafür komponierten Werken aufgeführt werden sollte. Rostropovitch zu mir: «Du musst zahlen ein Stück, ich zahle ein zweites Stück, und ein anderer zahlt das dritte Stück.» – «Ja, gut, das mache ich», sagte ich noch schlaftrunken. Das brachte mir die Begegnung mit der königlichen Familie ein, mit der Königin-Mutter, mit Königin Elizabeth II. und ihrer damaligen Schwiegertochter Diana. Zuerst sprach ich mit der Königin-Mutter, dann mit der Königin, die eine bemerkenswert willensstarke Frau ist, schliesslich mit Lady Diana, die ich bereits bei einem Besuch bei Mrs. Thatcher in der Downing Street No. 10 kennengelernt hatte. Wir haben dann die schönen Damen zurückgelassen. Rostropovitch ist eben in allen Palästen zu Hause. Und der britische Kronprinz, der Cello spielt, gehört genauso zu seinen Freunden.

Begegnungen mit Malern und Bildhauern

In Sachen Kunst behielt meine Frau Maja zeitlebens die Oberhand. Sie trennte in unserer Ehe strikt zwischen dem, was sie und was ich machte. Ich machte Musik und war in diesem Feld autonom und «tout puissant», sie kümmerte sich um die Kunst, und da redete ich ihr nicht drein. Eines schönen Tages verkündete sie: «Ich eröffne jetzt ein Museum für Gegenwartskunst.» Sie, nicht wir zusammen. Ich fragte sie, wer es bezahle. «Ich, natürlich», war die kurze Antwort. 1933, nach dem Tod ihres Mannes, hatte sie die Emanuel Hoffmann-Stiftung gegründet. Zur bildenden Kunst hatte ich schon früh, besonders durch den Maler Ferdinand Hodler, eine starke Beziehung, durch seine Landschaften, seine Porträts. Später begegnete ich dem Basler Maler Theomeier, dem Sohn eines Missionars. Ich besuchte ihn oft in seinem Atelier in der Aeschenvorstadt, wo er mich und meine Schwester Nelly auch porträtierte. Zusammen mit Lucas Staehelin zog es ihn in die Südsee. Dann, während der japanischen Besetzung, ging er nach Bali, schliesslich nach Chiang Mai im Norden Thailands. Er war ein grosser Lebenskünstler.

Hans Arp und Sophie Taeuber • Zu den ersten Gästen auf dem Schönenberg gehörten Hans Arp und Sophie Taeuber. Arp litt merklich unter den Kriegswirren. Er war ein philosophischer Denker mit einer starken religiösen Bindung. Er schenkte mir den Abguss einer zauberhaften Figur, die heute noch auf meinem Schreibtisch steht. Sein Werk hat mir einen Weg zum Verständnis der neuen Kunst geöffnet. Er war eine gepflegte Erscheinung, sehr gesprächig, hatte Sinn für Humor und für Wortspiele, konnte perfekt den elsässischen Dialekt sprechen, liebte die Gesellschaft und den Gedankenaustausch. Im Garten stehen einige Plastiken von Arp, die sich harmonisch in die Natur einordnen. Sophie Taeuber war eher verschlossen und schweigsam. Sie starb, als sie bei einem Besuch bei Freunden das ausströmende Gas eines Kachelofens einatmete.

Aristide Maillol • Einer meiner ersten Atelierbesuche zusammen mit Maja fand bei Hans Arp statt. Weitere folgten bei Aristide Maillol im südfranzösischen Banyuls-sur-Mer. Der alte, bärtige Bildhauer schuf im Auftrag von Maja zur Erinnerung an ihren Gatten die Bronze-Plastik

Mit Georges Braque in Varengeville im Juli 1955.

«Trauernde», die am Grab von Emanuel Hoffmann auf dem Friedhof am Hörnli steht und die im Laufe der Jahre eine schöne Patina angenommen hat. Maillol besuchte uns einige Male auf dem Schönenberg. Er fand in den Kämpfen der Résistance ein tragisches Ende, wie auch der Bildhauer Charles Despiau, der von Maja eine Portrait-Büste geschaffen hatte.

Georges Braque und Paul Klee • Der Maler, der mir am nächsten stand und der wohl auch zu Maja die engste Verbindung hatte, war Georges Braque. Eine erste Braque-Ausstellung hatten Maja und Wilhelm Barth kurz nach dem Tod von Emanuel Hoffmann in der Basler Kunsthalle durchgeführt. Marcelle und Georges Braque wohnten zur Vorbereitung der Ausstellung im Lilienhof. Maja wollte während eines Besuchs in Varengeville eines seiner letzten «Atelier»-Werke erwerben. Er wollte es aber behalten. «J'en ai encore besoin», sagte er; und bei einem weiteren Besuch: «C'est à vous, mais j'en ai encore besoin.» Braque war oft bei uns auf dem Schönenberg zu Besuch und wir bei ihm in Paris oder in seinem Landhaus am Meer. Eines Tages – Braque war mit seiner Frau bei uns zum Mittagessen – kam die Rede auf Paul Klee, und Braque sagte: «Ja, die Malerei von Klee beeindruckt mich, aber ich kenne ihn nicht. Ich möchte diesen Menschen einmal sehen.» Meine Frau geht ans Telefon und vereinbart mit Frau Klee ein Zusammentreffen. Nach dem Mittagessen setzen wir uns ins Auto und fahren erwartungsvoll nach Burgdorf. Klee und seine Frau stehen schon vor dem Haus. Wir steigen aus, schütteln Hände, und alle erwarten eine spannende Diskussion und Aussprache zwischen den beiden grossen Meistern. Was geschieht? Beide reden kein Wort, schauen sich unentwegt an und nach zehn Minuten sagt Braque: «C'est fait, wir können jetzt wieder heimfahren.» Wir steigen ins Auto und fahren zurück. Im Grunde war es genau, was Braque gesagt hat: «Ich möchte ihn einmal sehen!» Sie haben einander gesehen, aber nicht miteinander geredet ... Während einer Kur in Bad Gastein erfuhren wir von Braques Tod. Zum Kauf der «Atelier»-Komposition war es zu spät. Kurz danach starb auch seine Frau Marcelle. Braque war ein auffällig schöner, grossgewachsener Mann mit einem edlen Haupt. Sein Werk ist mir am nächsten geblieben. So habe ich in den letzten Jahren einige kleine Bilder von ihm gekauft, die nun an einer Wand in meiner Wohnung am Münsterplatz hängen und die mich täglich beglücken.

Pablo Picasso • In deutlicher Erinnerung bleibt mir auch ein Besuch bei Pablo Picasso in seinem Pariser Atelier in der Rue St-Augustin. Maja war ihm gegenüber allerdings sehr zurückhaltend; er erschien ihr geradezu unheimlich.

Constantin Brancusi • Einmal besuchten wir Constantin Brancusi in

Paris. Sein kleines Atelier war immer tadellos aufgeräumt. Er war verbunden mit unseren rumänischen Freunden, dem Komponisten Marcel Mihalovici und der Bildhauerin Irène Codreano, einer Studienkameradin von Maja.

Piet Mondrian • Einsam und still wie ein erratischer Block stand Piet Mondrian da. Die puritanische Strenge seiner Kunst erschien mir wie ein Gottesurteil. Sein Werk hat nicht in der Intimität des Schönenbergs, wohl aber in der Emanuel Hoffmann-Stiftung eine Bleibe gefunden.

Max Ernst • Als starke, lebensfrohe Persönlichkeit bleibt mir Max Ernst in Erinnerung. Ernst, dessen Bilder Sinneslust ausstrahlen, war ein Romantiker und ein Liebling der Frauen.

Edgard Tytgat • Von Brüssel her kannte Maja den Flamen Edgard Tytgat, von dem auf dem Schönenberg die Bilder zu den Fabeln von La Fontaine hängen. Er nannte Maja schlicht «Maria, mon cœur».

Alberto Giacometti • Alberto Giacometti besuchte uns nur einmal auf dem Schönenberg. Beeindruckt war ich von seiner edlen Gestalt mit dem von Furchen gezeichneten Gesicht. Der passionierte Raucher war scheu und unruhig, getrieben und angespannt, obwohl er nach aussen den Anschein von Gleichmut und Gelassenheit erweckte. Ich empfand ihm gegenüber eine grosse Zuneigung. Ich liebe auch seine beiden Bilder, die in meiner Münsterplatz-Wohnung hängen.

Marc Chagall • Marc Chagall besuchte uns in Begleitung seiner Frau Vava und seiner Tochter Ida aus erster Ehe. Ida war jung und schön und glich auffallend der nackten Reiterin auf Ensors Bild «La Gamme d'Amour», das in unserm Esszimmer auf dem Schönenberg hängt. Zusammen mit ihrem späteren Mann Franz Meyer bewohnte sie ein prachtvolles, altes Haus an Basels Oberem Heuberg. Ich besuchte Chagall in seinen letzten Lebensjahren im Hotel Cap d'Antibes, wo er die Sommermonate verbrachte, damit Vava im Meer schwimmen konnte. Er sass den ganzen Tag in seiner «cabane» und zeichnete ohne Unterlass. Er litt unter starken Schmerzen, liess sich aber nichts anmerken und bewahrte eine würdige Haltung.

Niki de Saint Phalle, Jean Tinguely • Niki de Saint Phalle kenne ich als Künstlerin und Ehefrau von Jean Tinguely. Wir haben uns oft getroffen, auf dem Schönenberg, in Jeans Atelier in Neyruz, in der «Verrerie» in Soisy, in San Diego oder bei Margrit und Paul Hahnloser. Ein Meisterwerk von Niki ist der «Jardin des Tarots» in Garavicchio bei Rom, eine Zauberwelt von überwältigender Pracht. Niki offenbart nicht nur in der bildenden Kunst, sondern auch als Schriftstellerin einen starken Drang zur schonungslosen Offenlegung der Wahrheit. Jean Tinguely war ein unerschöpflicher Geist, ein Erneuerer, ein Visionär. Seine letzte Ausstellung in Fribourg von 1991 zeugte von der grossen

Mit Jean Tinguely (1991). Foto Margrit Hahnloser

Popularität, die sein spielerisches Werk der mobilen Kunst erreichte. Mit seinen einzigartigen, von übersprühender zeichnerischer Phantasie beflügelten Briefen hat er mich tief beglückt. Er war neugierig, wollte alles wissen, was einen bewegt, schilderte Begegnungen von Menschen und Eindrücken, von Konzerten und Ausstellungen. Er forschte die Beweggründe meiner Entscheidungen aus. Ursprünglich sollte das Tinguely-Museum auf dem Schönenberg eingerichtet werden. Der Zugang für die Besucherströme war aber ungeeignet. So schien das Angebot der Stadt Basel, das Museum im Solitude-Park am Rhein, in nächster Nähe der Roche zu errichten, geradezu ideal. Das Museum ist nicht zuletzt dank der Grosszügigkeit von Niki de Saint Phalle zustande gekommen. Die Eröffnung im wunderschönen Neubau von Mario Botta am 1. Oktober 1996 traf sich aufs günstigste mit den Feiern zum hundertjährigen Bestehen der Roche. Die Bevölkerung, die Stadt, die Kunstfreunde haben mit der Werkschau von Jean Tinguely in dem eigens für seine Objekte gestalteten Raum ein Geschenk erhalten, das durch einen grossen Zustrom von Besuchern gewürdigt wird. Geleitet wird das Museum von der Kunsthistorikerin Margrit Hahnloser. Ihr Mann Paul Hahnloser ist der Enkel des Ehepaars Hedy und Arthur Hahnloser-Bühler, das die berühmte Hahnloser-Sammlung in Winterthur aufgebaut hat.

Ämter und Funktionen in Musik und Wirtschaft

Einen besonderen Stellenwert im Musikleben unserer Zeit hat die Internationale Gesellschaft für Neue Musik (IGNM). Sie unterhält eigene Sektionen in vielen Städten. Ich habe mich dieser Gesellschaft in Basel während vieler Jahre, zuletzt auch als Präsident, sehr angenommen. Wir waren eine kleine Gruppe von jüngeren Musikern, die die «Studienaufführungen», wie sie damals hiessen, organisierten. Aufgeführt worden sind Werke verschiedener Kategorien, Stilrichtungen und Qualität. Wichtig war, dass sie überhaupt zur Aufführung kamen. International betraf dies vor allem die Komponisten jüdischer Herkunft, die nach ihrer Emigration wieder neu Fuss fassen mussten. Diesen verschaffte die IGNM weltweit Möglichkeiten zu Aufführungen. Der wohl erfolgreichste Präsident war der Engländer Edward Dent, Musikprofessor in Cambridge und ein Junggeselle von hohen Gnaden. Er sprach perfekt deutsch und französisch und war fähig, die komplizierte, diffizile Organisation zusammenzuhalten. Dent war auch Präsident der Internationalen Gesellschaft für Musikwissenschaft. Der Schweizerische Tonkünstlerverein wurde im Jahre 1900 nach dem Beispiel des Deutschen Tonkünstlervereins gegründet. Er ist die Berufs- und Standesorganisation der Dirigenten, Komponisten und Interpreten. Auf Vorschlag von Volkmar Andreae wurde ich 1931 zum jüngsten Vorstandsmitglied und später zum Präsidenten gewählt. Es war eine Zeit, in der es keine so unterschiedlichen Auffassungen gab. Heutzutage verliert sich der Tonkünstlerverein in Grundsatzdiskussionen zwischen einzelnen Gruppierungen.

Überhaupt nicht vorbereitet war ich auf die Aufgaben, die mir Maja nach der Heirat übertrug: Sie sagte, sie sei nicht in der Lage, sich um die geschäftlichen Dinge zu kümmern; sie sei dafür nicht begabt und habe auch keine innere Beziehung zum Geschäftlichen. Sie übergab mir die Papiere, die sich auf ihre Vermögenslage bezogen, auf die Verbindungen zur F. Hoffmann-La Roche AG. In Majas erster Ehe mit Emanuel Hoffmann waren all diese Fragen von ihrem Mann erledigt worden, und in ihrer zweiten Ehe wollte sie denselben Zustand wieder herstellen. Ich übernahm also ihre Geschäfte. Der entscheidende Punkt ist wohl, dass auch im Geschäftsleben alles von Menschen gemacht wird, und was durch den Menschen geht und über Menschen verwirklicht wird, ist mir nicht fremd. Die Verwaltung des Vermögens bot keine grossen Schwierigkeiten. Ich sah ein, dass das Vermögen sehr einseitig auf die Firma Hoffmann-La Roche abgestellt war, dass die Familie aber nicht die Aktienmehrheit besass und infolgedessen auch nicht in der Lage war, ihren Willen durchzusetzen. Ich habe diesen Zustand geändert und nicht geruht, bis der Aktienbesitz der Familie so gross war, dass ein Herrschaftsanspruch geltend gemacht werden konnte. Ich wurde 1938 in den Ausschuss und 1953 zum Vizepräsidenten des Roche-Verwaltungsrats gewählt. Gleichzeitig nahm Lukas Hoffmann, der Enkel des Firmengründers, Einsitz im Verwaltungsrat. Der Biologe, der unter Adolf Portmann wissenschaftlich gearbeitet hatte, begann 1948 in der Camargue eine Forschungsstation in einer unberührten Naturlandschaft mit unzähligen Vogelarten aufzubauen. Die «Station biologique de la Tour du Valat» wurde zu seiner Lebensaufgabe.

Die Gründerfamilie beansprucht aufgrund ihres Aktienbesitzes das Herrschaftsrecht. Wenn man mit einem anderen Unternehmen fusionierte, ginge dieser Anspruch verloren. Das würde die Familie nicht ohne weiteres hinnehmen. Sie hat auch keinen Anlass, das zu tun, denn die Entwicklung verlief unter den gegebenen Verhältnissen glücklich. Das Unternehmen hat von der Familienstruktur bei den Besitzverhältnissen profitiert, weil die Aktionäre mit einer relativ bescheidenen Dividende gewiss sein können, dass alles zum besten steht. Wenn der Hauptaktionär darauf aus ist, möglichst viel Geld zu verdienen, schöpft er hohe Dividenden. Dann hat ein Unternehmen nicht die Gelegenheit, über ein so hohes Stammkapital für die eigene Weiterentwicklung zu verfügen. Ich konnte mich von Anfang an bei Roche auf die Ratschläge der Fachleute in der Vermögensverwaltung abstützen. Vor allem fand ich raschen Zugang zum damaligen Präsidenten und Delegierten des Verwaltungsrats, Emil C. Barell. Er war während des Zweiten Weltkriegs in Amerika, wo er die Interessen des US-Geschäfts des Unternehmens schützen wollte. Für mich gab es bei Roche viele Entscheidungen zu treffen. So setzte ich als Nachfolger Barells Alberto Caflisch ins Amt ein. Dessen Nachfolger wiederum, Adolf W. Jann, erlebte glorreiche Zeiten, so die Erfolge der Medikamente Librium und Valium, aber auch die Schwierigkeiten mit der englischen Regierung und den verhängnisvollen Unfall in Seveso 1976. In dieser Lage, und das war die schwierigste Entscheidung, musste für Adolf W. Jann ein Nachfolger gefunden werden. Man muss sich Rechenschaft geben, dass ein solcher Konzern ein weit verzweigtes Unternehmen darstellt, in dem auch die menschlichen Faktoren richtig eingeschätzt werden müssen. Man kann

Paul Sacher als Präsident des Schweizerischen Tonkünstlervereins
1951 in Sitten. Foto Schmid

nicht eine wichtige Stelle besetzen, ohne daran zu denken, welchen Einfluss es auf die übrigen Mitarbeiter hat. Es ist ja so, dass nicht eine einzige Eigenschaft, sondern die Summe verschiedener ausgezeichneter Eigenschaften den Mann bestimmt, dem man die Leitung eines Unternehmens anvertrauen kann. Die Wahl fiel auf Fritz Gerber, den damaligen Chef der Zürich Versicherung. Unter seiner Führung ist Roche immer grösser geworden – heutzutage kostet die Einführung eines neuen Produkts allein an Forschungsgeldern rund eine Milliarde Franken.

Mit Roche-Verwaltungsratspräsident Fritz Gerber
und BKO-Ehrenpräsident Edgar Bonjour. Foto André Muelhaupt

Lebensansichten

Die Frage nach der Religion hat mir schon Igor Strawinsky vor 60 Jahren unmittelbar vor einem gemeinsamen Auftritt gestellt: «Sacher, croyez-vous en Dieu?» Ich kann diese Frage ruhig mit ja beantworten. Ich stelle mir Gott nicht in irgendeiner Weise vor. Es gibt aber eine göttliche Allmacht und eine Kraft, eine Verbindung mit dem Ewigen. Ich glaube, das spürt man von Zeit zu Zeit. Ich gehe nicht in die Kirche. Ich lebe aber eingebettet in der Überzeugung des Glaubens und des Vertrauens aufgehoben in Gott. Mich haben eigentlich in keinem Augenblick meiner Existenz diese Zuversicht und dieser Glaube des Beschütztseins verlassen. Es ist ein grosses Geschenk, diesen Glauben besitzen zu können und in dieser Vorstellung zu leben.

Ich war Zeit meines Lebens ein Schwerarbeiter, weil ich die Arbeit liebe und weil sie auch mein Hobby ist. Ich stehe zwischen sechs und sieben Uhr morgens auf und bin dann an meiner Arbeit. Früher war mein Tagesablauf durch Proben am Vormittag und am Abend durch die Konzerte fest bestimmt. Die Vorbereitung der Proben war mir sehr wichtig. Es gibt Dirigenten, die quasi prima vista eine Partitur dirigieren. Das ist nicht mein Fall. Täglich brauche ich einige Stunden zur Erledigung meiner Korrespondenz. Das ist auch im hohen Alter so geblieben, weil ich sehr viele Briefe bekomme von Leuten, die etwas von mir wollen. Die meisten wollen natürlich Geld, aber es gibt auch solche, die ganz unschuldige Dinge verlangen wie Autogramme oder Fotografien. Dabei gibt es auch sehr merkwürdige Wünsche, die an mich herangetragen werden. Ich soll mich etwa für das Engagement eines Solisten einsetzen. Ich habe die Gewohnheit, Briefe, die man mir schreibt, rasch zu beantworten, wenn auch nur kurz. Ich habe früher sehr viel gelesen und lese jetzt noch in einem gewissen Umfang.

Seitdem ich ein höheres Alter erreicht habe, gibt es Beschäftigungen, die ich früher sträflich vernachlässigt habe: Ich gehe spazieren, ich gehe durch meinen Garten, ich bewege mich, weil ich es mir nicht leisten kann, ohne Bewegung zu sein. Früher war ja durch das Dirigieren eine gewisse Bewegung immer wieder gegeben. Am Abend gehe ich nicht mehr gerne aus, auch nicht mehr oft in Konzerte, wohl aber hie und da, wenn mich ein Stück interessiert oder ein Musiker mich bittet, eine Aufführung zu hören. In letzter Zeit leiste ich mir sogar manchmal nachmittags eine Siesta. So sind meine Tage von morgens früh bis abends spät ausgefüllt mit Aufgaben, Pflichten und Dingen, die ich selber ausüben will, nicht zuletzt auch mit den Genüssen des Lebens, einem guten Essen, einem guten Wein, was der Pflege der Körperformen allerdings nicht unbedingt förderlich ist.

Zu meinem gesundheitlichen Befinden: Im Militär wurde ich damals nur für «hilfsdiensttauglich» erklärt, weil ich als Jugendlicher Tuberkulose hatte, die ich in Arosa hatte auskurieren lassen. Mit 19 Jahren hatte ich zum ersten Mal Nierensteine. Das ist die schmerzhafteste Krankheit, die es gibt, und die ungefährlichste zugleich. In der Folge hatte ich fünf- oder sechsmal, alle neun Jahre, Nierenstein-Koliken. Ich hatte verschiedene Brustfell-Entzündungen, zuerst eine trockene, dann eine nasse, und dann noch eine üble Lungenentzündung. Erst im 60. Lebensjahr hat sich gezeigt, dass meine Nebennierenrinde teilweise zerstört ist, eine Spätfolge der Tuberkulose. Seither lebe ich unter ständiger medikamentöser Behandlung.

Ich kann mich durchaus auch gehen lassen. Aber in meinem Leben gibt es eine eiserne Regel: Wenn mir etwas Gescheites einfällt, rede ich nie davon, zu niemandem, auch nicht zu den Nächsten, weil ich die Erfahrung gemacht habe, dass das Verschliessen zum Erfolg führt und das Herumreden alles zerstört. Das habe ich auch in meiner musikalischen Arbeit so gehalten: Ich habe über die Werke, über Interpretation, über Konzertprogramme viel nachgedacht und wenig darüber geredet. Ich habe bereits als Bub die Menschen genau beobachtet und erkannt, wie sie sich benehmen. Ich habe mir schon früh vorgenommen, mir nie etwas anmerken zu lassen. Du denkst dir deine Dinge aus, führst sie so aus, wie du denkst, so sollte es sein, und lässt dir keine Freude und keine Trauer anmerken. Du bist zu den Menschen immer gleich korrekt und höflich. Das habe ich gemacht.

Ich hatte grosses Glück in meinem Leben. Ich bin unentwegt gefordert worden. Auch die Verbindung mit Hoffmann-La Roche war ein Risiko, wenn man einen Musiker, der nichts von Industrie und Forschung versteht, in einen solchen Gartenteich setzt. Wenn man von der Familie, vom Eigentümer in eine solche Landschaft gepflanzt wird, kann man sich keineswegs in Sicherheit wähnen, sondern man ist in allergrösster Gefahr. Eines habe ich aber gelernt, und das ist ganz sicher: Alles wird von Menschen gemacht. Wenn man sich vor Menschen nicht fürchtet und fähig ist, mit seinem Partner Dinge zu bewältigen, die schwierig sind, dann gibt es keine Probleme. Man muss sich Respekt verschaffen, so dass die Fachleute auf einen hören und einen ernst nehmen. Man muss Überzeugungskraft, Einsicht und Verständnis haben, um die Probleme zu verstehen und sie zu bewältigen. Da ist von Macht keine Spur. Das sind die Fähigkeiten, um ein solches Unternehmen richtig zu führen. Unter den Geschäftsleuten gibt es diesbezüglich hervorragende, kreative Persönlichkeiten, vor denen ich grossen Respekt habe. Musik und der Umgang mit Menschen, das sind meine Leidenschaften. Deshalb ist mir letztlich auch meine Tätigkeit für Hoffmann-La Roche leichtgefallen.

Eine andere Leidenschaft sind die Frauen, bei denen ich grosses Glück hatte. Meine Familie ist dadurch ein bisschen vielfältig geworden, aber das ist eben so gekommen. Ich habe die Entscheidungen immer in eigener Verantwortung getroffen. Und dabei bin ich doch immer – das muss ich gestehen – ein Einzelgänger geblieben, ein «Solitär».

Reichtum und die Möglichkeit, über grosse finanzielle Mittel zu verfügen, setzen voraus, dass der Besitzer die Fähigkeit hat, damit umzugehen. Es gibt reiche Leute, die ängstlich bestrebt sind, ihren Reichtum zu verbergen. Das ist falsch. Finanzielle Mittel stiften nicht nur Unabhängigkeit und Freiheit, sondern schaffen auch die Möglichkeit, Neues zu initiieren. Man muss sich vergegenwärtigen, dass Reichtum ein Lehen ist. Er steht einem auf Zeit zu, und man verliert ihn, weil man ihn nicht mitnehmen kann. Bei Geburt und Tod ist man ganz allein auf sich gestellt. Der wahre Mensch, so wie er geschaffen wurde und ins Leben gestellt wird, ist arm. Er besitzt nichts. Er kann aber im Laufe seines Lebens durch günstige Umstände über ein grosses Lehen verfügen und damit etwas Sinnvolles und der Allgemeinheit Dienliches tun. Wenn ich einen Kompositionsauftrag erteile, ist das nicht dasselbe, wie wenn der Staat oder eine öffentlich-rechtliche Anstalt, eine Radio- oder Fernsehstation, Aufträge erteilt. Der Empfänger meines Auftrags kennt mich. Er weiss, was in meinen Konzerten aufgeführt wird und auch, unter welchen Voraussetzungen sein neues Werk zustande kommt, welche Aussichten auf eine authentische Aufführung unter musikalisch-fachlicher Betreuung und Einstudierung bestehen. Der Staat entscheidet bürokratisch und nach Gesichtspunkten von Ausgewogenheit, meist ohne allzu grosse Sachkompetenz. Es ist immerhin besser, wenn der Staat Geld für die Kultur ausgibt, als wenn er spart, wie das heute der Fall ist. Aber der Mäzen, so wie man ihn durch die Jahrhunderte gekannt hat, ist ein Liebhaber, der mit Leidenschaft für seine in Auftrag gegebenen Werke einsteht.

Was ich am Anfang dieser Aufzeichnungen über mein Gedächtnis und Erinnerungsvermögen gesagt habe, kann ich am Schluss nochmals verdeutlichen: Ich bin aller Skepsis zum Trotz erstaunt, an welche Details, die in meinem Leben eine Rolle gespielt haben oder die für eine Situation typisch waren, ich mich teilweise sehr genau zu erinnern vermag. Der Mensch ist ein merkwürdiges Wesen. Es scheinen sich seiner Natur Vorgänge, Ereignisse und Erlebnisse mit grösster Präzision einzuprägen. Man kann vieles wieder hervorholen.

Ich bin ein Mensch, der sich frühmorgens schon auf die Aufgaben des Tages freut. Ich bin glücklich zu leben. Ich kann mich an den kleinen Ereignissen eines Vormittags erfreuen, ich kann mich daran aufladen und einen fulminanten Tag erleben. Und das hängt sehr oft gar nicht von äusseren Dingen ab, sondern von der inneren Einstellung. In diesem Sinne ist jeder Mensch seines Glückes Schmied. Ich leide aber auch unter schweren Depressionen. Ich bin eigentlich das eine und das andere gleichzeitig. Der Gegensatz ist nicht aufzulösen. Ich habe gesagt: Ich bin ein Optimist. Ich freue mich auf das, was kommt. Ich hätte genausogut sagen können: ich bin selbstkritisch, ich habe keinen Glauben an die Dinge, und ich verzweifle an der Unvollkommenheit der Welt. Das eine ist so wahr wie das andere, und das eine gehört genauso zum Erlebnisgehalt wie das Gegenteil. Ich habe eine grosse Neigung zu Schwermut und Melancholie, aber ich empfinde auch das Glück sehr stark. Ich glaube, das ist die menschliche Natur. Wir müssen damit leben und den eigenen Weg finden. Musik wirkt auf mich ungeheuer belebend und inspirierend. Wenn ich zwei Takte Musik höre, von Haydn, Mozart oder sonst von einem grossen Geist, dann bin ich ein verwandelter Mensch.

Der Tod ist mir eigentlich immer nahe. Besonders seit ich alt bin, weiss ich genau, dass jeder Tag, den ich gesund überlebe, eine Gnade ist, dass ich dafür dankbar sein muss, wenn ich das bewusst erlebe, und dass ich auf das Sterben vorbereitet sein muss. Sterben ist ja das Verlassen von geliebten Menschen. Ich muss meinen Sohn verlassen, der mich vielleicht in nächster Zeit noch brauchen könnte als Zuflucht, als Berater, als Hilfe, als Stütze bei belastenden Ereignissen. Sterben zu müssen, das kann ich mir nicht als etwas ganz Trauriges vorstellen. Man weiss ja, dass man einmal von dieser Welt abtreten muss. Aber Abschied nehmen müssen von geliebten Menschen, für die ich mich verantwortlich fühle, das ist eine sehr starke Belastung.

Jürg Erni

Notizen zu Persönlichkeit und Wirken des Dirigenten, Mäzens und Gründervaters Paul Sacher

Besuch bei Paul Sacher

Der Blick schweift in die Ebene rheinaufwärts, zum Dinkelberg hinüber, in Richtung Wiesental und Schwarzwald; ein Ausblick vom Schönenberg, einer freien Anhöhe oberhalb von Pratteln, vom Wohnsitz, den Maja Sacher-Stehlin erworben und dessen herrschaftliches Haus sie im Jahre 1934 entworfen hat.

Der andere Blick vom Haus «Auf Burg» reicht von der Kartäuser- und Theodorskirche über den Tüllinger Hügel, die Mittlere Brücke, die Schornsteine und Verwaltungshochhäuser des Novartis-Konzerns bis zur Predigerkirche am Totentanz. Der Rhein fliesst ruhig am nahen Ufer vorbei. Und die an ihrem Seil festgehaltene Fähre setzt lautlos über den Fluss. Von der Plattform der benachbarten Münstertürme aus öffnet sich der Blick zur Rundsicht vom Schweizer Jura über den Schwarzwald bis in die Ferne der oberrheinischen Tiefebene und der Vogesen.

Mit solchen Fernsichten ins Dreiland, ins Alemannische und Elsässische und mit der Schweiz im Rücken sieht Paul Sacher die Welt von seinen Wohn- und Arbeitstätten aus.

Mitten in der Stadt am Rhein, am Basler Münsterplatz hat Paul Sacher für sich, seine Lebensgefährtin Irmtraut Schmid und den gemeinsamen, 1981 geborenen Sohn Georg einen zweiten Wohnsitz eingerichtet. Eine behagliche Stadtwohnung mit Bildern von Miró und Braque und mit Sacher-Porträts von Theomeier und Irène Zurkinden. Hinter dem Schreibtisch am Fenster zum Rheinbord hängt das Bild der 1988 im Alter von 47 Jahren verstorbenen Partnerin und des gegenüber dem Vater um fast drei Generationen jüngeren Sohnes.

Sachers Zuhause ist nach wie vor der Schönenberg. Das Haus mit dem grossen Umschwung und den seltenen Bäumen, Pflanzen und Plastiken im Park wirkt in seiner Sachlichkeit zeitlos modern. Kein Möbel, keiner der funktionalen, schlichten Stahlrohr-Ledersessel wurde seit der Einweihung verändert. Nur die Schlingpflanzen ranken sich zusehends höher und dichter um die Originale aus Maja Sachers kostbarer Sammlung. Als stummer Zeuge des musikalischen Hauses steht der braune Konzertflügel an der Wand. Hier im Salon traf und trifft sich die Welt von Musik, Kunst und Wirtschaft.

Im Reich des Dirigenten

Paul Sachers Reich ist das Arbeitszimmer im ersten Stock. Die Fenster reichen von Wand zu Wand und geben den Blick frei auf das weite Panorama. Auch hier ein zugedeckter Flügel. Sacher ist nicht Pianist. Beim stummen Studium der Partituren lässt er die Musik im inneren Ohr klingende Gestalt annehmen. Tisch und Ablagen sind mit Noten und Dokumenten dicht belegt: Ein Stapel Korrespondenz – Sacher

Paul Sacher und Jürg Erni während einer «Session»
zur Aufzeichnung der «Erinnerungen» im Haus «Auf Burg» am Basler
Münsterplatz im Januar 1998. Foto Kurt Wyss

beantwortet seine Briefe jeweils postwendend –, auf dem Flügel Dirigentenstäbe in verschiedenen Ausführungen, Mappen unterschiedlicher Grösse bis zur Sonderanfertigung im Weltplakatformat zum Transport der modernen Riesenpartituren, eine feingliedrige Plastik von Hans Arp auf dem Schreibtisch ...

Die Noten und Akten lassen eher auf unausgeführte Projekte schliessen, denn auf die Hinterlassenschaft eines im zehnten Jahrzehnt stehenden Dirigenten, der sich sukzessive von seinen Verpflichtungen zurückgezogen hat. Das Basler Kammerorchester, der Basler Kammerchor, das Collegium Musicum Zürich, das Basler Schlagzeug Ensemble, das waren die Instrumentarien, mit denen Sacher im Laufe von fast sieben Jahrzehnten Hunderte von Werken des 17., 18. und 20. Jahrhunderts ur- und erstaufgeführt hat.

Bücherregale, die dem Gewicht der schweren Partituren kaum standhalten, säumen Sachers Studierstube. In Leinen gefasst, zeugen die kostbaren Erst- und Urtext-Ausgaben von der Beschäftigung ihres Besitzers mit Carissimi und Monteverdi, mit Bach und seinen Söhnen, mit Haydn und Mozart, Bartók und Honegger, Henze und Rihm. Sachers Musikwelt ist hier in stummen Zeugen versammelt. Man könnte und möchte mit ihnen geradewegs wieder von vorne beginnen, ein erstes BKO-Konzert gestalten, die Klassiker der Moderne neu einstudieren, das Neueste in der elektronischen, mit akustischen Instrumenten kombinierten Musik entdecken, kühne Programm-Kombinationen entwerfen, von Grossprojekten träumen, Visionen entwickeln und sie ohne Rücksicht auf Kostenfolgen realisieren. Paul Sacher würde dazu gewiss Hand bieten.

Für die Nachwelt hat er seine Stiftung ins Leben gerufen, wo Werkdokumente, Handschriften, Particelle und Partituren, Korrespondenz und Kommentare von Komponisten unseres Jahrhunderts bombensicher aufbewahrt sind: ein auf der privaten Sammlung des Stifters basierendes, um Sammlungen namhafter Komponisten von Berio bis Webern erweitertes Archiv, das, fachkundig katalogisiert und wissenschaftlich aufbereitet, für Forschungen zur Verfügung steht.

Lassen wir nach den eigenen Erinnerungen Sachers die Stationen seines Lebens Revue passieren und ergänzen wir sie durch eigene Beobachtungen und Angaben. Sachers Lebenswerk gleicht der Form eines klassischen, dreiteiligen Sonaten-Hauptsatzes mit einer das Leitthema bestimmenden Exposition, einer die Motive entwickelnden Durchführung und einer den Anfang wiederaufnehmenden Reprise, bis Kadenz und Coda nach einem virtuosen Aufblühen den Satz in einer harmonischen Verbindung zum bestätigenden Schluss führen.

Elternhaus und Ausbildung

Im Elternhaus an der Birmannsgasse in Basel, vorher am Nonnenweg, später am St. Johannsring, an der Thannerstrasse und an der Burgfelderstrasse hatte die Mutter, wie schon die Grossmutter mütterlicherseits, das Sagen. Auch Erziehung und Geld lagen in den Händen der Bauerntochter aus dem stadtnahen Dorf Pratteln. Von der Mutter hatte Paul die Entschiedenheit bei der Ausführung eines Vorhabens, die Freude an schönen Dingen und das Streben nach Höherem mitbekom-

men. Seiner Schwester Nelly musste er artig gehorchen; ein matriarchalisch dominiertes Elternhaus. Der Vater ging pflichtbewusst seinem Beruf als Spediteur nach, schien sich aber wenig um die häuslichen Dinge zu kümmern.

Es wurde zwar viel gesungen zu Hause, aber Paul wollte ein Instrument lernen und war mit sechs Jahren als Geiger der erste Instrumentalist in der Familie. Die Hürden von der Primarschule über die Obere Realschule bis zur Maturität bewältigte er mit Leichtigkeit, wie er überhaupt immer wieder betont, wie leicht es ihm gefallen sei, eine neue Aufgabe in die Hand zu nehmen. Eine starke Hand, ein starker Wille und die Fähigkeit, Dinge zu erkennen und Menschen zu durchschauen, liessen ihn auch den Dirigentenstab aufnehmen. Und seine Mitschüler vermochte er schon früh für seine Interessen zu gewinnen.

Das Studium am Konservatorium und an der Universität umfasste sowohl den Unterricht in praktischen Fächern – Violine bei Fritz Hirt, Gesang bei Arthur Althaus, Dirigieren bei Felix Weingartner – wie Vorlesungsbesuche an der Philosophisch-historischen Fakultät, hauptsächlich am Musikwissenschaftlichen Institut bei den Professoren Jacques Handschin und Karl Nef. Bei Nef, dem ersten Schweizer Ordinarius für Musikwissenschaft und dem Gründer der Schweizerischen Musikforschenden Gesellschaft, hätte Sacher über ein Beethoven-Thema dissertieren sollen. Der Wille zur praktischen Tätigkeit als Dirigent war aber stärker und so wurde die Doktorarbeit nicht ausgeführt.

Das Orchester Junger Basler

Im Herbst 1922 gründeten der 16jährige Obere Realschüler Sacher und einige Mitschüler das «Orchester Junger Basler» (O.J.B.). Die Leitung des fortschrittlich selbstverwalteten Ensembles bestand aus einem fünfköpfigen «Ministerium» mit Aktuar, Kassier, Notenverwalter, Materialverwalter und Dirigent. Es war eine Gründung aus «Protest an einer Schule, an der es schon ein offizielles Schülerorchester gab». Das Selbstbewusstsein der jungen Musiker zeigte sich bereits im Rückblick zum fünfjährigen Bestehen des Orchesters: «Wenn es selbst durch anfängliche Führerlosigkeit, d.h. durch nicht genügenden Weitblick, einen weiten Umweg in seiner Entwicklung gemacht hat, so hat es doch Richtung und Sinn innerhalb weniger Jahre aufrichtigen Suchens, auch Klarheit und Bewusstsein seiner Lage gefunden.» (Aus «Musik und Schule», 1927.)

Anfänglich leitete Sacher das Orchester als Geiger vom ersten Pult aus. Der Wechsel zum Dirigentenpult ergab sich «aus dem Umstand zunehmender Grösse, aber auch, weil das teilweise bescheidene Können einer um so sichereren Führung bedurfte». Dem Primgeiger wurde die Leitung «einmütig anvertraut», wie der Vereinsbericht schrieb. Schon nach dem ersten «Konzärtli» vom 10. April 1923 im Restaurant «Zur Post» wurde in der Zeitung die «schneidige Leitung ihres Klassengenossen Sacher» lobend erwähnt. Früh zeigten sich beim jungen Dirigenten aber auch gesundheitliche Probleme mit Nierenstein-Koliken und Tuberkulose, die er in Arosa auskurieren liess, so dass er «von seinen Getreuen ein halbes Jahr getrennt wurde», wie der O.J.B.-Jahresbericht vermerkte.

Pünktlich zum Maturitätskonzert vom 27. September 1924 war Sacher wieder auf dem Posten. Griegs «Ases Tod», Chopins «Trauermarsch», Mozarts «Krönungskonzert», Mascagnis «Cavalleria Rusticana», Brahms' Fünfter Ungarischer Tanz und zwei Märsche von Blake und Holzmann («Grand Marsch» und «Feuert Los!») standen auf dem bunten Konzertprogramm. Dazu schrieb die «Neue Basler Zeitung»: «Es war eine Freude, die jungen Musikfreunde mit Eifer am Werk zu sehen oder besser zu hören. Sie scheinen sich unter der energischen Leitung ihres jugendlichen Dirigenten Paul Sacher recht wohl zu fühlen. Herr Sacher ist mit Ernst bei seiner Aufgabe und hat seine Spieler fest in der Hand. Die Disziplin war gut, die Intonation rein, und aus allem spürte man das rassige, frische Temperament des Dirigenten.» Indes wurde das harmonische Spiel während Haydns «Kaiser»-Quartett durch einen Männergesang im Nebensaal gestört. Der Rezensent schloss seine Besprechung hoffnungsvoll: «Wenn wir in unserer Kritik hauptsächlich das Lobenswerte hervorgehoben haben, so haben wir die Zuversicht, dass Dirigent und Spieler den Gedanken an das ‹per aspera ad astra› und den Blick auf den langen und mühevollen Weg, der auf die Höhe wirklichen Könnens führt, trotzdem nicht verlieren.»

Der «Ring-Basel»

Am 3. November 1924 eröffnete Paul Sacher die erste Probe der neuen Saison mit etlichen neuen Mitgliedern erstmals im «Ringgässlein», im Saal der Evangelischen Brüdersocietät. Ein Schwerpunkt des Jahresprogramms war die Mitwirkung beim «Ring-Basel», der 1923 im Gefolge der deutschen Jugendbewegung von einem Kreis junger Akademiker gegründet wurde. Im Vorbericht zum Konzert vom 16. Mai 1925 hiess es: «Als ein Bund von Knaben höherer Mittelschulen hat sich der ‹Ring› eine harmonische Ausbildung zum Ziel gesetzt, die in gleicher Weise den Körper wie den Geist pflegen will. Die Konzerte, deren erstes von Basler Künstlern, das zweite vom ungarischen Geiger Szigeti zugunsten des Ringes veranstaltet wurden, werden noch in Erinnerung sein. Die jetzige Aufführung wird vom Ringe selbst bestritten und bietet die Möglichkeit, einige Einblicke in die Welt und die Gedanken des Ringes zu tun. Der ‹Flandrische Totentanz› ist eines seiner liebsten und eindrucksvollsten Lieder, während es im ‹Mysterienspiel vom Verlorenen Sohn› von Frédéric Bonardo gelang, ein Stück zu finden, das in höchstem Masse den Ideen und der Gesinnung des Ringes entspricht.»

In seinem Aufsatz «Musik und Schule» zitiert der damals 21jährige Sacher als Vertreter einer vorbildlichen Musikerziehung Fritz Jöde, den Führer der deutschen Jugend-Musikbewegung, Hilmar Höckner, Musiklehrer am Landerziehungsheim Schloss Bieberstein (Rhön), und August Halm, Musiklehrer an der Freien Schulgemeinde Wickersdorf bei Saalfeld in Thüringen. Das 2. Konzert des neugegründeten Basler Kammerorchesters vom 3. Juni 1927 sollte Paul Sacher denn auch mit Präludium und Fuge f-moll für Streicher von August Halm eröffnen, gefolgt von Fragmenten aus dem «Marienleben» von Paul Hindemith, der seinerseits für Hilmar Höckner etliche Spielmusiken schrieb.

Beim Maturkonzert im Mai 1925 spielte das Orchester Junger Basler auch ein Konzert von Karl Keuerleber, dem späteren Chordirektor am Stadttheater. Zum schönen Brauch wurden die Abstecher mit Konzerten in Lausen (zugunsten der Deutschlandhilfe) und in Sissach (zugunsten der Ferienversorgung). Ein weiteres Konzert des O.J.B. in Liestal mit Barockwerken, das im April 1926 im Konservatorium wiederholt wurde, wertete der Zeitungschronist äusserst positiv: «Vor allem darf hier der Dirigent, Herr Paul Sacher, genannt werden; er ist ein wirklicher Führer, dem seine Untergebenen auf den kleinsten Wink gehorchen, temperamentvoll, mit energischen Bewegungen und mit einem Willen, der keine Widerrede duldet …»

Mit ähnlichen, schmückenden Beiwörtern wurde Sachers Dirigierstil schon damals in den Kritiken gewürdigt: initiativer, energiegeladener Führer, Beherrscher des Taktstocks, stetig anfeuernde, stramme, schneidige, energische Leitung, natürliche Dirigentenbegabung, überlegene Ruhe, bedeutender Gestaltungswille, zielsicher, frohgemut konzertierend, eine ruhige, klar disponierende Gestensprache, ein gesunder Unternehmergeist!

Damenflor im Schülerorchester

Das Orchester Junger Basler liess es nicht bei konzertanten Anlässen bewenden. Zu Beginn der Saison 1926/27 begleitete das Schülerorchester eine Tanzmatinee im Stadttheater unter dem Motto «Pro Juventute per Juventutem». Eine Neuigkeit war der Zuzug von Musikerinnen aus dem Orchester der Töchterschule, das von Annie Tschopp, der späteren Bratschen-Stimmführerin im Basler Kammerorchester, geleitet wurde. Die Schüler waren von ihren Mitspielerinnen offensichtlich so angetan, dass sie sie sogleich in ihr Orchester aufnahmen. Der frische Damenflor wurde im Zeitungsbericht denn auch prompt vermerkt: «Ein buntes Bild bot sich dem Auge dar: Gymnasiasten und Realschüler in feierlichem Schwarz, darunter wie Farbenklexe, rot, grün, blau, ein paar Töchter- und Freischülerinnen, das Ganze im Konservatoriumssaal in einem Rahmen, der in seiner kalten Nüchternheit zwar nicht recht passen wollte, aber doch die ermunternde Frische des Bildes wahrte.»

Zum Saisonschluss fand sich das Orchester Junger Basler mit dem Orchester der Oberen Realschule zusammen, was eine vierzigköpfige Streicherschar ergab. «Bald wurden die Proben trotz intensivster Arbeit und strenger Anforderungen sehr genussreich. Sie waren die Krone der ganzen Arbeit», bemerkt der Vereinsbericht. In den fünf Jahren studierte das O.J.B. ein halbes Hundert Werke von Gluck bis Mussorgski ein. Ein Ergebnis, das mit Betonung auf der Musik von Bach und Händel bereits die Richtung in die Zukunft wies.

Ungeachtet des krönenden Erfolgs beschloss die Generalversammlung im August 1927 die Auflösung des Orchesters. Lapidar heisst es: «Paul Sacher, mit dessen Name das Orchester unlöslich verknüpft ist, und seine Mitarbeiter zogen sich von der Arbeit zurück. Es wäre undenkbar gewesen, dem ‹Orchester Junger Basler› einen anderen Leiter zu geben, vor allem unmöglich, einen zu finden, der ihn hätte ersetzen können.»

Auch für den Referenten der «National Zeitung» schien das Ende des jungen Orchesters unerklärlich: «Es will uns nicht recht in den Kopf, dass dieses von Paul Sacher vor fünf Jahren gegründete und zu so netten Erfolgen aufgestiegene, kleine Orchester nunmehr eingehen soll. Wie wir erfahren, ist es Herrn Sacher nicht gelungen, einen eigentlichen Plan, eine Vereinigung der einzelnen Mittelschulorchester zu einem ‹Orchester der Mittelschulen Basels›, durchzuführen.» Eine gescheiterte Orchesterfusion also. An eine Weiterführung war ohne den die Kräfte sammelnden Dirigenten nicht zu denken: «Wäre das 'Orchester Junger Basler' ein beliebiger Verein gewesen, so hätten andere das begonnene Werk weiterführen können; so aber war für eine Gruppe von Menschen ein Stück gemeinsamen Lebens und gemeinsamer Arbeit zu Ende gegangen ... Die im Laufe der Jahre angeschaffte Bibliothek und das sonstige vorhandene Vermögen wurden dem befreundeten ‹Basler Kammerorchester›, einer Neugründung Paul Sachers und von ihm geleitet, geschenkt.» Das Aktivsaldo betrug Fr. 2.90. Die Schlussrechnung des O.J.B. wurde von August Vortisch, dem späteren Sekretär des Basler Kammerorchesters, revidiert.

Eigentlich ging das Orchester Junger Basler unter gleicher Leitung ziemlich nahtlos in das neugegründete Basler Kammerorchester über.

Gründung des Basler Kammerorchesters (BKO)

Im Alter von 20 Jahren gründete Paul Sacher sein eigenes Kammerorchester; die kühne, vorausblickende Tat eines jungen, aufstrebenden Musikers. Im «Basler Anzeiger» vom 23. Oktober 1926 stand unter dem Titel «Musikalisches» zu lesen: «Es ist in Basel unter dem Namen ‹Basler Kammerorchester› ein Orchester gegründet worden, das eine von Vielen immer wieder empfundene und bedauerte Lücke ausfüllen soll. Es bestand nicht die Absicht, die vielen Dilettantenvereine um einen weitern zu vermehren, oder ihnen Konkurrenz zu machen, sondern die wenigen jüngeren und tüchtigen Musiker unserer Stadt (Akademiker, Konservatoristen usw.), Dilettanten und Berufsmusiker, zu einem geschlossenen, technisch leistungsfähigen und musikalisch hochwertigen Ensemble zu sammeln ... Als Dirigent wird Paul Sacher das Kammerorchester führen. Durch die Zusage von Else Popp konnte der Posten eines Konzertmeisters glänzend besetzt werden, als erster Cellist ist August Wenzinger gewonnen worden. Als Präsident und Vizepräsident stehen dem Kammerorchester vor: Herr Oberst Otto Senn-Gruner, der vielfach bewährte Förderer und Gönner unseres Musiklebens, und Herr Musikdirektor Adolf Hamm, Organist am Münster und Leiter des Basler Bach-Chors.»

Die Gründungsversammlung fand am 4. November 1926 statt. Danach wurde in Einzel- und Gesamtproben nach Kräften geübt, galt es doch, das aus Streichern unterschiedlichen Könnens bestehende Ensemble zu einem einheitlichen Klangkörper zu vereinen. Im Vorbericht zum ersten BKO-Konzert wurden bereits Vorschusslorbeeren verteilt: «Wer schon einmal Gelegenheit hatte, die vortreffliche Streicherschar (sogar ein Contrabass ist dabei!) unter ihrem stetig anfeuernden Leiter mit seiner unerbittlichen Konsequenz an der Probenarbeit zu sehen, der kann dem angekündigten Konzert wie dem ganzen Unternehmen nur eine günstige Prognose stellen!»

Im ersten Konzert vom 21. Januar 1927 in der Martinskirche schlug das BKO bereits eine Brücke zwischen alter und neuer Musik und zeigte die Vorlieben des Dirigenten einerseits für die Altmeister Händel,

Bach und Mozart, andererseits für Barock und Klassik im modernen Gewande: Händels B-Dur-Orgelkonzert op.7, Nr. 3, das Adolf Hamm auf einem Kielflügel, also auf dem Cembalo, spielte, und Bachs d-Moll-Violinkonzert mit Else Popp als Solistin. «Die Moderne ist mit einem kürzlich vollendeten Werk unseres Mitbürgers Rudolf Moser, einer Art 'Suite im alten Stil', vertreten», hiess es im Vorbericht.

Zur Orchestergründung schrieb das Basler Volksblatt: «Schon wieder ein neues Orchester! höre ich ausrufen. Jedes Jahr taucht bald eine solche Neugründung auf. Das unter der Leitung von Paul Sacher stehende Orchester will klassische und moderne Musik pflegen und gedenkt in seinen Programmen manches zu bringen, das man sonst nicht hört. Wenn dann die Kräfte auch der gestellten Aufgabe entsprechen, so kann man sich nur darüber freuen ... Wie wir vernehmen, beteiligen sich die Spitzen des Konservatoriumsorchesters; ausserdem sind natürlich einige Mitglieder der Orchestergesellschaft zugezogen, weil ein immerhin zumeist aus Liebhabern bestehendes Orchester doch selten alle Instrumentalisten im eigenen Besitz hat.» Studenten, Berufsmusiker und Liebhaber spielten damals noch einträchtig nebeneinander an gleichen Notenpulten.

«die Fünf»

Nicht nur als Gründer und Leiter des Basler Kammerorchesters leistete Paul Sacher Pionierarbeit. In den zwanziger Jahren kamen fünf befreundete Basler Musiker, ehemalige Kommilitonen am Konservatorium, zusammen, die auf dem Gebiet der zeitgenössischen Kammermusik Neuland erobern wollten. Sie nannten sich «die Fünf» – in Anlehnung an Russlands «Mächtiges Häuflein» oder an Frankreichs «Les Six» – und organisierten in eigener Verantwortung «Studienaufführungen», bei denen sie auch selber mitwirkten. Eine erste solche «Studienaufführung» fand am 18. Mai 1927 im Konservatoriumssaal bei freiem Eintritt (Programm: 10 Rp.) statt. Ein grafisch modern gestalteter Signet-Kopf zierte das Programmblatt der «Fünf». Der Oboist und Pianist Max Adam, erster Tonmeister und Akustiker am Radio Basel, und der Geiger Walter Kägi spielten Paul Hindemiths Sonate op. 11, Nr.1. Der Cellist August Wenzinger und die Pianistin Marie Litterst führten Arthur Honeggers Cellosonate und zusammen mit dem Geiger Kägi das Klaviertrio von Alexander Tscherepnin auf. Der Musiktheoretiker Ernst Mohr begleitete am Flügel den Sänger Max Degen in Liedern von Hindemith und Krenek. Der spätere Musikredaktor der «Basler Nachrichten», Hans Ehinger, leitete die Geschäftsstelle der «Fünf», und Paul Sacher übernahm die Programmleitung der neu gegründeten Ortsgruppe Basel der Internationalen Gesellschaft für Neue Musik (IGNM). Bis im

Sommer 1929 organisierten «die Fünf» drei weitere «Studienaufführungen», die danach von der Basler IGNM weitergeführt wurden.

Basler Kammerchor – Basler Männerchor

Im 4. BKO-Konzert vom Mai 1928 sang noch der von Münsterorganist Adolf Hamm einstudierte Basler Bach-Chor die Chorpartien in der Basler Erstaufführung von Henry Purcells «Dido und Aeneas» mit Berthe de Vigier und Walter Sterk. Die Gründung eines eigenen Kammerchors drängte sich aber auf.

Erstmals trat der dem Kammerorchester angegliederte Basler Kammerchor am 17. Dezember 1928 auf – in der Pauluskirche mit einem sehr anspruchsvollen Programm. Gesungen wurden die Bach-Motette «Komm, Jesu, komm», zwei weitere Motetten von Rameau und Caldara und das Oratorium «Jephte» von Giacomo Carissimi, ein Lieblings-Chorwerk von Paul Sacher, das er bis 1976 sechs weitere Male dirigierte.

Später folgten grosse Chorpartien wie Arthur Honeggers Sinfonischer Psalm «König David» (1929) und Uraufführungen seiner Oratorien «Der Welten Schrei» (1932 in deutscher Sprache), «Jeanne d'Arc au bûcher» (1938) , «La Danse des Morts» (1940) und «Weihnachtskantate» (1953), Mozarts «Idomeneo» (1931, als Basler Erstaufführung), Igor Strawinskys «Russische Bauernhochzeit» (1933), Uraufführungen von Conrad Becks «Oratorium nach Sprüchen des Angelus Silesius» (1934) und Willy Burkhards Oratorien «Das Gesicht Jesajas» (1936) und «Das Jahr» (1942). Dazu kamen jeweils frühe A cappella-Werke von Innocentus III. über Orlando di Lasso und Heinrich Schütz bis Claudio Monteverdi, dessen Madrigale in den dreissiger Jahren noch als Spezialitäten der Musikwissenschaft galten. Ein Nikolaus Harnoncourt kam und siegte mit seinen Monteverdi-Opern erst vierzig Jahre später ...

Nicht nur den vornehmen Kammerchor führte Sacher in die Geheimnisse der A cappella-Literatur ein. Fünf Jahre lang, von 1929–34, brachte er auch den Herren vom Basler Männerchor die hohe Kunst des Chorgesangs bei. Ein Höhepunkt war gewiss das November-Konzert von 1930 im Mustermesse-Saal mit Hector Berlioz' «Fausts Verdammung».

◄ «Basler Kammerorchester am Anfang seiner Tat».
Notiz auf der Rückseite des Fotos von einem der ersten BKO-Konzerte im Konservatoriumssaal mit Gertrud Flügel und Walter Kägi an den ersten Pulten. Foto Spreng

Die Presse lobte Sacher als Dirigenten des romantischen Chorwerks, «der seine Sänger mit straffer Hand zusammenzuhalten versteht, um den Vortrag rhythmisch zu akzentuieren».

Strawinsky – Hindemith – Purcell

Die 5. Saison des Basler Kammerorchesters von 1930/31 führte zu überregional beachteten Höhepunkten in der noch kurzen Geschichte des Orchesters. Am 2. Oktober 1930 wurde das erste Auftragswerk des BKO, die Sinfonie Nr. 5 des gebürtigen Schaffhausers Conrad Beck, uraufgeführt. Darauf folgte Igor Strawinskys «Rag Time» für elf Instrumente mit dem Cymbalisten Aladar Rácz, danach übernahm der Komponist in seinem «Capriccio» selber den Klavierpart und schliesslich dirigierte er seine Ballettmusik «Apollon Musagète». Ein denkwürdiger Abend mit dem Meister, den der um die Hälfte jüngere Sacher im März 1930 bei einem Konzert in Winterthur kennengelernt hatte.

Im BKO-Konzert vom 9. Januar 1931 standen Werke von Paul Hindemith auf dem Programm: Zuerst das Violinkonzert mit Walter Kägi als Solisten, danach übernahm der Komponist den Solopart in seiner «Konzertmusik».

Ausschliesslich Instrumentalwerken Johann Sebastian Bachs gewidmet war das unter dem Patronat des französischen Konsuls stehende BKO-Konzert vom 12. März 1931. Voller Andacht lauschte das Publikum den berauschenden Klängen, die die polnische Cembalistin Wanda Landowska und ihre Schüler Ruggero Gerlin und Isabelle Nef den drei Cembali entlockten.

Nach der konzertanten Basler Erstaufführung von Mozarts «Idomeneo»-Oper vom 13. Mai 1931 nahm der Basler Kammerchor erstmals die Chöre daraus in Paris auf Schallplatten auf. Und am 9. Juni 1931 dirigierte Paul Sacher im Stadttheater die Basler Erstinszenierung von Henry Purcells deutsch gesungener Oper «Dido und Aeneas» mit Berthe de Vigier und Hanns Vischer van Gaasbeek in den Titelpartien und in der Regie von Oskar Wälterlin.

Das fünfjährige Bestehen des BKO wurde im «Jubiläumskonzert» vom 7. November 1931 mit Werken von Conrad Beck und Ernst Krenek, Mozart und Bach gefeiert. Seither wurde die schöne Tradition des Feierns in Fünf- und Zehn-Jahresabständen bis zum 60jährigen Bestehen fortgesetzt.

Bereits die ersten fünf Jahre zeigten die Besonderheiten der BKO-Konzerte, die sich durch einen dramaturgisch spannungsvollen Wechsel von Erstaufführungen und Wiederentdeckungen in der neuen wie in der alten Musik auszeichneten. Es waren recht eigentlich «komponierte» Generalprogramme, die Paul Sacher jeweils zusammen mit seiner

Assistentin, der Musikwissenschaftlerin Ina Lohr, entwarf. Und es war ein Podium der Information über die Strömungen in der alten und neuen Musik. Dabei tauchten auch Namen wie André Caplet, Albert Roussel oder Darius Milhaud, Mitglied der Gruppe «Les Six», auf. Von Caplet kam im Dezember 1930 «Le Miroir de Jésus» für Sopran, Frauenchor, Streicher und Harfe zur Basler Erstaufführung. Werke von Roussel spielte Sacher 1954 auf einer Philips-Langspielplatte mit dem Pariser Orchestre Lamoureux ein. Von Milhaud führte er mehrmals das Ballett «La Création du monde» und die Oper «Les Malheurs d'Orphée» auf, und von De Falla kam die Oper «El Retablo de Maese Pedro» mehrfach zu konzertanten Aufführungen, 1955 in einer Aufnahme mit dem Radioorchester Beromünster, 1959 mit Amadeo Casanovas und dem Basler Kammerorchester, im gleichen Jahr mit Marta Santa-Olalla und den Wiener Symphonikern und 1962 mit Loren Driscoll und dem Radio-Symphonie-Orchester Berlin.

Die Schola Cantorum Basiliensis (SCB)

Paul Sacher studierte schon in jungen Jahren mit dem eigenen Chor und Orchester alte Musik ein, die von der Renaissance bis zu Frühbarock und Barock reichte. Wie aber sollte ältere Musik aufgeführt werden, wenn es von ihr noch kaum am Urtext orientierte, praktische Ausgaben gab und wenn erst wenige Instrumente restauriert waren, auf denen die Werke in den alten Stimmungen wiedergegeben werden konnten? Die Idee zur Gründung eines Lehr- und Forschungsinstituts für alte Musik war in Basel durch die Praxis einiger Sänger und Instrumentalisten bereits vorgegeben.

Im Herbst 1933 orientierte ein erstes Inserat in der «Neuen Basler Zeitung» über die angebotenenen «Fächer und Lehrer der Schola Cantorum Basiliensis (Direktion: Paul Sacher)» und über den «Einzel- und Klassenunterricht für Musikfreunde und Berufsmusiker» in den Fächern Cantus Gregorianus (Ina Lohr), Gesang (Max Meili, Dr. Arnold Geering), Blockflöten (August Wenzinger, Ina Lohr), Armviolen (Annie Tschopp), Gamben (August Wenzinger), Geigen in alten Mensuren (Walter Kägi), Lauten (Hermann Leeb), Cembalo (Claire Levy) und Orgel (Fritz Morel). Als theoretische Fächer wurden Generalbass und Analyse sowie Bibliographie der Neuausgaben angeboten. Für das erste Semester, das verspätet am 1. Dezember 1933 begann, hatten sich bereits 30 Studenten eingeschrieben.

In der Pressemitteilung zur Eröffnung der SCB hiess es: «Die Aufgabe ist die Erforschung und praktische Erprobung aller Fragen, welche mit der Wiederbelebung alter Musik zusammenhängen, mit dem Ziel, eine enge Verbindung und lebendige Wechselwirkung zwischen Musikwissenschaft und Praxis herzustellen.» Die Zielsetzungen von damals sind bis heute aktuell geblieben, wenn sich auch die Termini «Wiederbelebung», gar «Wiedererweckung» zur philologisch korrekteren «Historischen Aufführungspraxis» gewandelt haben.

In der ersten Pressekonferenz vom 3. Februar 1934 wies Sacher als Direktor darauf hin, dass es nicht darum gehe, «zur Abwechslung Gambe statt Cello oder Cembalo statt Klavier zu spielen ... Unsere Unternehmung entspringt einem tiefen Bedürfnis und einer Verbundenheit mit den geistigen Hintergründen früherer Jahrhunderte». Als Lehrer war der Direktor nur während des ersten Studienjahrs im Fach «Ensemble (mit Literaturkunde)» aufgeführt.

Ihre erste Unterrichtsstätte hatte die Schola an der Wallstrasse. Dann wechselte sie in den «Seidenhof» am Blumenrain, später an die St. Alban-Vorstadt, dem heutigen Domizil der Christoph Merian Stiftung, schliesslich in ein von Paul Sacher erworbenes Haus an der Leonhardsstrasse in unmittelbarer Nachbarschaft zur Musikschule.

Am 12. Juni 1934 gaben die Schola-Dozentinnen und -Dozenten ihr erstes Konzert im Kreuzgang des Münsters. Auf dem Programm standen Gesänge und Tänze des 12. bis 17. Jahrhunderts von den Troubadours bis zu Samuel Scheidt.

Allfälligen Vorurteilen gegenüber einer altbacken gelehrsamen Musikausübung trat der nachmalige Südwestfunk-Musikabteilungsleiter Heinrich Strobel in seinem Bericht vom 1. Juni 1935 im «Berliner Tagblatt» entgegen: «Die Schola Cantorum ist kein Stall für knöcherne Philologenklepper und trockene Manuskriptenreiter. Sie ist ein lebendiges Unternehmen, von jungen Musikern unter Führung Paul Sachers gegründet, ein Forschungs- und Lehrinstitut, aber nicht zur Geheimhaltung alchimistischen Gelehrtenkrams, sondern zur sinngemässen Wiedererweckung der alten Musik.»

Die Ergebnisse der Forschungen in alter Musik sollten nicht nur in kritischen Neuausgaben ihren Niederschlag finden, sondern die Werke sollten auch auf Instrumenten ihrer Zeit, mit ihren Mensuren und zeitbedingten Stimmungen wiedergegeben werden. Was mittlerweile zu einer Selbstverständlichkeit geworden ist, war damals noch ein Sonderfall.

Für die Stadt Basel war es ein besonderer Glücksfall, dass zu den Beständen des Historischen Museums die bedeutende, über 350 Instrumente umfassende Sammlung des Appenzeller Musikfreunds Otto Lobeck-Kambli aus Herisau hinzukam, zuerst als Depositum, dann 1954 als von Paul Sacher finanziertes Geschenk. Die Sammlungen finden schliesslich im neuen «Musik Museum» im «Lohnhof» ihre bleibende Stätte. Sie dokumentieren augen- und ohrenfällig durch Klangbeispiele die hinsichtlich Typus und Familienzugehörigkeit so reiche Vielfalt der historischen Instrumente.

Paul Sacher gründete und leitete indes nicht nur die Schola Cantorum, sondern übernahm nach der Fusion von Musikschule, Konservatorium und Schola im Jahre 1954 zur «Musik-Akademie» zusammen mit Walter Müller von Kulm deren Leitung. Von 1964 bis 1969 war Sacher alleiniger Direktor der Musik-Akademie der Stadt Basel. «Mangelnde Entschlossenheit der Behörden» veranlasste ihn zum Rücktritt. Dabei ging es um bestehende Wartelisten an der Musikschule und um die geplante Eröffnung von Musikschul-Filialen in Kleinbasel und Riehen, um die angemessene Salarierung der Professoren an den Berufsabteilungen und die Studiengelder. Mittlerweile sind die Filialen eröffnet und die Dozentinnen und Dozenten gehören europaweit zu den bestbezahlten.

Heirat mit Maja Hoffmann-Stehlin

Im Wonnemonat Mai des Jahres 1934 heiratete Paul Sacher die um zehn Jahre ältere Maja Hoffmann-Stehlin, die er vier Jahre zuvor anlässlich der Geburtstagsfeier von Felix Weingartner im Basler Sommercasino kennengelernt hatte. Die dritte von vier Töchtern des berühmten Basler Architekten Fritz Stehlin und der aus einem Malanser Geschlecht stammenden Bündnerin Helene von Bavier hatte nach dem Ersten Weltkrieg bei Antoine Bourdelle in Paris eine Bildhauerlehre absolviert und war unter anderem mit Piet Mondrian bekannt. Im Jahre 1921 hatte sie Dr. Emanuel Hoffmann geheiratet, der 1925 als Leiter der Hoffmann-La Roche-Tochtergesellschaft «Produits Roche S.A. Belge» nach Brüssel berufen wurde. Fünf Jahre später war die Familie mit den Kindern Andreas, Lukas und Vera nach Basel zurückgekehrt und an der Gellertstrasse in den elterlichen «Lilienhof» eingezogen, den der Grossonkel J.J. Stehlin, der Erbauer des Grossen Musiksaals, 1866 hatte errichten lassen. Das Ehepaar Hoffmann-Stehlin hatte aus Brüssel bereits eine wertvolle Kunstsammlung mitgebracht, darunter auch die ersten Arbeiten des belgischen Expressionisten Edgar Tytgat, die durch die Vermittlung der Galeristen Walter und Yvonne Schwarzenberg angekauft worden waren.

Zu den Stammgästen im «Lilienhof» hatten der Diplomat Carl Jacob Burckhardt und der baltische Graf Hermann Keyserling gehört, der in seinen Schriften nach dem Vorbild fernöstlicher Kulturen eine Philosophie der Sinn-Erkenntnis entwickelt und in Darmstadt eine «Schule der Weisheit» gegründet hatte.

Am 2. Oktober 1932 war Emanuel Hoffmann mit dem Auto tödlich verunglückt, als er bei einem Eisenbahnübergang auf der Strecke Aarberg–Lyss einen herannahenden Zug übersehen hatte. Ein Jahr danach war der älteste Sohn Andreas an Leukämie gestorben. In dieser Zeit stand Paul Sacher der schwer geprüften Witwe zur Seite. 1933 gründete sie die Emanuel Hoffmann-Stiftung, die die Bestände der Sammlung – fast fünfzig Jahre später – in das 1980 von Maja Sacher initiierte Museum für Gegenwartskunst im St. Alban-Tal einbringen sollte.

Als gemeinsamen Wohnsitz wählten Maja und Paul Sacher-Stehlin den Gutsbesitz Schönenberg oberhalb Pratteln, den sie von der Familie Burckhardt-Schazmann erworben hatten. Auf dem Sommersitz des damaligen Basler Regierungsrats hatte Paul Sacher schon als Gymnasiast mit dem späteren Historiker und Danziger Völkerbundskommissar Carl Jacob Burckhardt bei gemeinsamen Spaziergängen über Gott und die Welt philosophiert. Zur Vermählung wünschte Burckhardt dem befreundeten Brautpaar «Glück im Sinne der Griechen, als Schutz für das Glücksempfinden, das aus uns selbst und den uns in Liebe verbundenen Menschen als immer neues Wunder emporsteigt». Noch während der Hochzeitsreise skizzierte Maja Sacher die Pläne für ihren neuen, im Stile eines modernen «Bauhauses» entworfenen Wohnsitz, den das Paar im Jahre 1936 bezog.

Welten der Musik und der Bildenden Kunst

Die Rollen der beiden starken Persönlichkeiten waren klar verteilt: Paul Sacher führte seine Frau in die Musik und ihre Geheimnisse ein, schaffte ihr durch die befreundeten Komponisten den Zugang und die Bekanntschaft zur Musikwelt und kümmerte sich um die geschäftlichen Dinge. Maja Sachers Welt war die Bildende Kunst. Die Besuche in den Ateliers der grossen Künstler von Arp, Brancusi, Braque, Chagall, Giacometti, Klee, Maillol, Mondrian bis Picasso, Beuys, Luginbühl und Tinguely öffneten dem Musiker die Augen für die Schönheiten und Geheimnisse von Malerei und Plastik. «Deine Musiker haben keine Augen!», monierte Maja Sacher einmal ohne Umschweife ...

Die Freunde der beiden wurden auch gemeinsame Freunde. Nur in ihrem Landhaus Agresto Brolio, im Chianti von Barone Ricalosi in der Nähe von Siena, feierte Maja stets allein mit ihren vielen Künstlerfreunden, ihren Freundinnen und ihrer Schwägerin Nelly Sacher die schönen Tage. Und wenn der «Dügg», Basels damaliger Theaterdirektor Werner Düggelin, oder der Künstler Michael Stettler auftauchten, ging es bei der Padrona im «Feldschlösschen» am Rebberg bis zu später Stunde hoch zu und her. Die Hausherrin liebte den Humor und die menschliche Nähe ihrer Gesellschaften. Steife Umgangsformen waren verpönt. Feste wurden ausgelassen gefeiert. Und Geschichten aus dem eigenen Umkreis wurden gerne zum besten gegeben. So soll einmal Bodyguard

Fausto, der Sachers Leib und Leben während Jahren zu schützen hatte, in der Hitze des Übungsgefechts ein Bild mit einem Streifschuss verletzt haben, was die Hausherrin dazu veranlasste, ihren Besuchern das blessierte Kunstwerk augenzwinkernd vorzuführen.

BKO-Saison ohne Sacher – Felix Weingartner

Die Hochzeitsreise führte Maja und Paul Sacher vom Mittelmeer in den Nahen Osten, in die neue Welt der USA bis nach Mexiko und Südamerika. Zu diesem Zweck liess sich Sacher für die ganze BKO-Konzertsaison 1934/35 von seinen Dirigierverpflichtungen beurlauben. Der Berliner Hermann Scherchen, der seit 1922 das Winterthurer Stadtorchester geleitet hatte, dirigierte beim BKO-Konzert vom 30. Oktober 1934 die Uraufführungen von Willy Burkhards «Fantasie» und Albert Moeschingers «Divertimento» nebst den Basler Erstaufführungen zweier «Concertino» von Alexander Tscherepnin und Ernst Krenek. Im Februar 1935 wurden drei Basler Erstaufführungen von drei anderen Dirigenten geleitet: Paul Hindemiths Sinfonie «Mathis der Maler» vom Komponisten selbst, Béla Bartóks Klavierkonzert Nr. 2 von Max Sturzenegger mit dem Komponisten am Klavier und Albert Roussels 80. Psalm, op. 37 von Philippe Strübin, dessen Gesangverein Concordia aus Mulhouse den Basler Kammerchor verstärkte.

Bei der Allgemeinen Musikgesellschaft Basel (AMG) und im Theater verabschiedete sich das Publikum im Juni 1935 von «seinem» Felix Weingartner, der nach Wien zurückkehrte. Noch einmal dirigierte der Meister Richard Wagners «Meistersinger von Nürnberg» in einer Inszenierung von Theaterdirektor Friedrich Schramm. Der einstige Schüler von Liszt in Weimar, Direktor der Wiener Hofoper, der Volksoper und schliesslich der Wiener Philharmoniker, hatte während seiner achtjährigen Tätigkeit als «Generalmusikdirektor» der Musikstadt Basel zu internationalem Renommée verholfen. Er hatte gegen hundert Sinfoniekonzerte dirigiert, war am Opernpult des Stadttheaters gestanden, war Direktor des Konservatoriums gewesen und hatte Dirigierkurse gegeben, an denen auch Paul Sacher teilgenommen hatte. Weingartner war der Klassiker par excellence, der die Standardwerke von Mozart bis Wagner dirigierte, während «Vorstösse in frühere Zeiten verhältnismässig selten, solche in die richtunggebende Neuzeit nur mit Widerwillen gemacht wurden. Weingartner, der als Komponist zu den Nachromantikern zählt, passt die Schreibweise der jungen Generation nicht». So die Einschätzung gegenüber dem konservativen Dirigenten in der Neuen Zürcher Zeitung vom 23. 6. 1935.

Nach Weingartners Weggang sprang nicht etwa Paul Sacher in die Lücke, sondern Hans Münch. Er dirigierte bei der AMG während drei

Jahrzehnten vor allem die Werke von Bruckner, Reger und Strauss (nicht aber diejenigen von Mahler) und führte mit dem Basler Gesangverein und der Basler Liedertafel die grossen Chorwerke und Oratorien von Bachs «Matthäus-Passion» bis Hermann Suters «Le Laudi» auf. «Generalmusikdirektor» Münch besass überaus reiche Kenntnisse der Musikliteratur und dirigierte die Werke meist auswendig.

Einstand bei der Allgemeinen Musik-Gesellschaft (AMG)

In der Saison nach Weingartners Weggang gastierte Paul Sacher im November 1935 erstmals bei der AMG mit sinfonischer Musik. Nach Haydns Sinfonie Nr. 48 spielte Rudolf Serkin, der Schwiegersohn von Adolf Busch, den Solopart in Mozarts c-Moll-Konzert, KV 491. Danach dirigierte Sacher die 7. Sinfonie von Beethoven, mit der er schon 1930 beim Sinfonieorchester Göteborg gastiert hatte.

Dem Jungdirigenten gegenüber schien der gefürchtete Kritiker der National-Zeitung, Otto Maag, gnädig gewogen: «Wenn wir auch durchaus nicht der Meinung sind, es sei theoretisch unmöglich, dass ein Dirigent, der sich in der Hauptsache der Pflege und Vernehmlichmachung zeitgenössischer Musik widmet, der klassischen ganz gerecht werden könne, so ist doch sicher, dass man nicht ungestraft auf dem Asphalt und unter den Wolkenkratzern der neuen Sachlichkeit wandelt, also in einem Lebensgefühl beheimatet ist, das dem ruhigen Atem einer höfisch-galanten, weit leiseren und stilleren Kultur diametral entgegengesetzt ist. Dies wurde deutlich bei Haydn, dessen Symphonie zwar in völliger Linienklarheit entstand, aber ihres so spezifisch österreichischen Charmes doch recht sehr verlustig ging und etwas ‹aufgenordet› in allzu sachlicher Strenge erklang. Etwas ganz anderes war es mit Beethovens siebenter Symphonie. Hier kamen die wesentlichen Dirigenteneigenschaften Paul Sachers imponierend zur Geltung. Er versteht es, seinen Willen dem ihm ausgezeichnet folgenden Orchester mit der Suggestionskraft einer ungewöhnlichen Intensität aufzuzwingen. Das Orchester und mit ihm der Zuhörer weiss, was er will. Seine Zeichengebung ist klar, seine Führung von höchster Bewusstheit. Und so brachte er den Impetus, den drängenden Schwung dieses Werkes bis zur Atemlosigkeit heraus. Das war von grosser, aus einer leidenschaftlichen Besessenheit des Willens zustossender Wirksamkeit.»

Mit Béla Bartók 1937 auf der Terrasse
des neuen Hauses Schönenberg in Pratteln. ▶

Bartók und Honegger

Einsame Höhepunkte beim Basler Kammerorchester waren die drei Uraufführungen der Basler Auftragswerke an Béla Bartók: die «Musik für Saiteninstrumente, Schlagzeug und Celesta» am 21. Januar 1937, die «Sonate für zwei Klaviere und Schlagzeug» am 16. Januar 1938 und das «Divertimento für Streichorchester» am 11. Juni 1940.

Die «Sonate» wurde zum zehnjährigen Bestehen der IGNM, Ortsgruppe Basel vom Komponisten und seiner Frau Ditta Pásztory und von den beiden Basler Schlagzeugern Fritz Schiesser und Philipp Rühlig im Konservatorium ohne Dirigent uraufgeführt.

Die «Basler Nachrichten» rühmten das Werk: «Wir müssen schon sagen, dass diese Komposition uns zum Stärksten und Interessantesten zu gehören scheint, was Bartók, was überhaupt die moderne Musik hervorgebracht hat. Ein rhythmisches Leben sondergleichen durchzieht sie, und auch hier ist alles organisch gewachsen, lebendig empfunden und natürlich gestaltet ... Für die Ausführung ist kein Lob zu hoch!»

Meilensteine waren auch die Ur- und Erstaufführungen von Arthur Honeggers Oratorien «Jeanne d'Arc au bûcher» im Mai 1938 mit Ida Rubinstein in der Titelpartie und «La Danse des Morts» im März 1940. Seit diesem Konzert wurde ein Programm jeweils in zwei Aufführungen und zusätzlich mit einer «konzertmässigen Generalprobe» am Vorabend gespielt. Als «Johanna auf dem Scheiterhaufen» wurde die «Jeanne d'Arc» erstmals im Juni 1942 am Zürcher Stadttheater mit Maria Becker und Heinrich Gretler und am Basler Stadttheater im Februar 1951 mit Colette Lorand inszeniert. Die Erstaufführung in Italien fand unter Sachers Leitung im April 1947 als «Giovanna d'Arco al Rogo» an der Mailänder Scala statt, ein weiteres Mal dirigierte Sacher das Oratorium am 6. Juni 1965 in Wien mit den Wiener Sängerknaben und den Wiener Symphonikern.

Bei einer im Rahmen des BKO gewiss einzigartigen Umfrage unter dem Motto «Das Publikum stimmt ab» während der Saison 1937/38 stand «Jeanne d'Arc» denn auch an erster Stelle des Beliebtheitsgrades vor Bartóks 2. Klavierkonzert und seiner «Musik für Saiteninstrumente, Schlagzeug und Celesta». Bei der alten Musik wurde erstaunlicherweise Palestrinas «Missa papae Marcelli» zum Publikumsliebling erkoren.

Abstecher nach Donaueschingen

Im Juni 1938 wurden der Basler Kammerchor und das Kammerorchester zum 1. Oberrheinischen Musikfest nach Donaueschingen eingeladen. 1921 von Fürst Max Egon zu Fürstenberg und Richard Strauss gegründet und bis 1926 durchgeführt, wurden die Musiktage zwölf Jahre später unter Beteiligung von Komponisten und Künstlern aus

Arthur Honegger und Andrée Vaurabourg, Mme Winter,
Maja und Paul Sacher 1938 in Colmar.

dem regionalen Umkreis wiederaufgenommen. Die dortige Zeitung «Heimat-Bote» zeigte sich erfreut über die regionale Eingrenzung und die milder gestimmte Neutönerei des Festes: «Wo Neues sich zur Prüfung stellt, werden die Meinungen immer verschieden sein, und manche heftige Ablehnung erlebte man hier schon zu einer Zeit, da die Neutönerei sich in gewagtesten Experimenten erging. Inzwischen ist viel Wasser von der Donauquelle zum Schwarzen Meer geflossen. Wie manch atonaler Musikschlamm ist von der Zeit fortgeschwemmt worden!» Im Eröffnungskonzert wurden Schöpfungen von hierzulande kaum bekannten Tondichtern aufgeführt, so von Franz Philipp «Vier Kriegslieder», die «mit bedeutsamer Kraft gegen den Orchestersturm ankämpften», wie die Neue Basler Zeitung vom 16.6.38 schrieb. Neben dem alemannischen wurde auch elsässisches und schweizerisches Musikgut berücksichtigt. Nach Heinrich Isaacs berühmtem «Innsbruck, ich muss dich lassen» und Liedern von Ludwig Senfl spielte das Basler Kammerorchester zwei Konzerte von Albert Moeschinger und Willy Burkhard und aus den «Oden des Horaz» von Rudolf Moser. An das Basler Konzert schloss sich ein Staatsempfang an mit politischer Prominenz, darunter Reichsstatthalter und Gauleiter Robert Wagner. Kultusminister Dr. Wacker begrüsste die Erschienenen mit einem «herzlichen Bekenntnis zur Gemeinsamkeit der oberrheinischen Kulturtradition, die der lebendige Boden für die Oberrheinischen Musikfeste sei».

Gründung des Collegium Musicum Zürich (CMZ)

Die Initiative zur Gründung des Collegium Musicum Zürich im Jahre 1941 ging von Walter Schulthess, dem Leiter der renommierten Konzertgesellschaft Zürich, aus.

Zum Basler «Standbein» hatte sich Sacher in der Limmatstadt ein «Spielbein» aufgestellt mit einem Kammerorchester, das aus «Free lance»-Mitgliedern bestand. Sie rekrutierten sich anfänglich aus dem seit 1920 bestehenden privaten Kammerorchester von Alexander Schaichet und dem Schülerkreis der Geigerin Stefi Geyer. Die Gattin von Walter Schulthess war die erste Konzertmeisterin des CMZ. Auch im Basler Kammerorchester spielten mit Else Popp und Gertrud Flügel Frauen von Anfang an die erste Geige. Im Gegensatz zum BKO, das zusehends in die Basler Orchester-Gesellschaft (BOG), später in das Basler Sinfonie-Orchester integriert wurde, hatte Paul Sacher in Zürich beim Collegium Musicum freie Hand und konnte die einzelnen Pulte mit den besten zur Verfügung stehenden Kräften besetzen. Das anfallende Defizit wurde beim CMZ vom Arzt, Musikliebhaber und Sammler Hans Conrad Bodmer († 1956) übernommen, während in Basel der Gründer

Rudolf Serkin, Willi Gohl und Paul Sacher beim CMZ-Konzert vom 4. Juni 1970 in Beethovens 4. Klavierkonzert und der «Chorfantasie». Foto Arnold Renold

Folgende Doppelseite:
Mstislav Rostropovitch bei der Probe zum BKO-Konzert ▶
vom 19. Januar 1984. Foto Niggi Bräuning

und Leiter des Orchesters selbst die wachsenden Ausgaben des BKO finanzierte.

Von Burkhard bis Vogel, von Abel bis Zelenka

Im Laufe seiner Tätigkeit spezialisierte sich das CMZ auf ältere, neuere und jüngste Musik in kammerorchestraler Besetzung. So kamen in Zürich Werke folgender Komponisten zu Uraufführungen: Willy Burkhard (Violinkonzert, «Piccola Sinfonia giocosa», «Toccata», «Concertino»), Hans Werner Henze («Sonata per archi», «Cantata della fiaba estrema», Doppelkonzert für Oboe, Harfe und Streicher), Arthur Honegger (Sinfonie Nr. 2, «Concerto da camera»), Rudolf Kelterborn («Vier Nachtstücke», «Traummusik», «Gesänge zur Nacht»), Witold Lutosławski (Doppelkonzert für Oboe, Harfe und Kammerorchester, «Chain II»), Frank Martin («Petite Symphonie concertante», Ballade für Violoncello und kleines Orchester, «Trois Danses»), Norbert Moret (Doppelkonzert, «Sur la troisième marche», «Triple concerto», Cellokonzert), Wolfgang Rihm («Gebild», «Dunkles Spiel», «Gesungene Zeit»), Armin Schibler (Ballade für Klavier und Streichorchester, «Iam manet ultima spes», «Trauermusik»), Richard Strauss («Metamorphosen» für 23 Solostreicher – eine «Studie» in der Art eines Trauermarsches mit dem Anfangsmotiv des zweiten Satzes aus Beethovens «Eroica»-Sinfonie), Wladimir Vogel («Variationen über Tritonus und Septime», «Traumgesicht»).

Zusätzlich wurden die in Basel uraufgeführten Werke oft anschliessend in Zürich erstaufgeführt, und immer wieder wurden Raritäten aus Barock, Vorklassik und Wiener Klassik von Karl Friedrich Abel über die Bach-Söhne bis Jan Dismas Zelenka gespielt.

Paul Sachers Vorlieben sind die «Klassiker der Moderne». Neben Bartók förderte er den Tschechen Bohuslav Martinů, der auf dem Schönenberg, später in seiner heimatlichen Erde, die letzte Ruhe fand; dann auch die Werke seiner Landsleute von Conrad Beck, Frank Martin bis Wladimir Vogel und, als Sachers Entdeckung, den Fribourger Norbert Moret.

Von den Vertretern der Zweiten Wiener Schule hingegen hat Sacher nur wenige Werke dirigiert, so Arnold Schönbergs «Pierrot lunaire» op. 21 (1938) und «Ein Überlebender aus Warschau» op. 46 (1973), Alban Bergs «Violinkonzert», Anton Weberns «Passacaglia» op. 1 und die «Sechs Stücke» op. 6. In den Programmen von BKO und CMZ sind die Zeitgenossen John Cage und Luigi Nono selten berücksichtigt worden. Von Nono haben Erich Schmid «Incontri» (1970) und Heinz Holliger «Como una ola de fuerza y luz» (1977) beim BKO dirigiert. Und Holliger hat Cages Klavierkonzert (1980) mit Jürg Wyttenbach als Solisten geleitet. Der Name Hanns Eisler fehlt in den Aufführungslisten bei BKO und

Mit Anne-Sophie Mutter bei der Probe
zu Glasunovs Violinkonzert im von Mstislav Rostropovitch dirigierten
BKO-Konzert vom 12. Juni 1986. Foto Keystone Press

CMZ gänzlich, und erstaunlicherweise hat Sacher auch nie Strawinskys «Le Sacre du Printemps» dirigiert.

Die Stars

Als flexibles Orchester begleitete das Collegium Musicum regelmässig in Solokonzerten grosse Interpreten, so Pablo Casals, Edwin Fischer, Carl Flesch, Dinu Lipatti, Géza Anda, Clara Haskil, Pierre Fournier, Alfred Cortot, Peter Pears (in Begleitung von Benjamin Britten als Gastdirigenten), Walter Gieseking, Lisa della Casa, Louis Cahuzac, Rudolf Serkin, Isaac Stern, Arthur Grumiaux, Martha Argerich, Emil Gilels, Heinz und Ursula Holliger, Aurèle Nicolet, Mstislav Rostropovitch und Anne-Sophie Mutter.

Wegen seiner terminlichen Ungebundenheit wurde das CMZ oft auch von auswärts engagiert und unternahm längere Reisen und Tourneen. So gastierte es während seines fünfzigjährigen Wirkens regelmässig im Rahmen der Zürcher Juni-Festwochen, der Musikfestwochen Luzern, ferner in Montreux/Vevey, Ascona, Stresa und Florenz und ging auf Auslandtourneen nach Edinburgh und Kanada und sogar bis nach Japan und Australien. Neben Radioaufnahmen machte das CMZ für verschiedene Labels Schallplatten- und CD-Aufnahmen, zuletzt 1985 mit Werken von Martin, Martinů, Bartók, Strawinsky und Honegger, 1989 Norbert Morets Cellokonzert mit Mstislav Rostropovitch und 1990 in Paris «Mystère de l'Instant» für 24 Streicher, Cymbalum und Schlagzeug von Henri Dutilleux.

1992, am Ende der 50. Saison legte Paul Sacher aus Altersgründen die Leitung des CMZ nieder. Als Schlussbouquet dirigierte er am 13. und 14. Juni 1992 in der Tonhalle die Uraufführung seines vorläufig letzten Kompositionsauftrags, der Musik für Violine und Orchester «Gesungene Zeit» des Karlsruher Komponisten Wolfgang Rihm mit Anne-Sophie Mutter als Solistin.

Löwendenkmal-Serenaden

Der CMZ-Mitbegründer Walter Schulthess war nach 1943 auch Künstlerischer Leiter der Musikfestwochen Luzern. Bei einem Spaziergang mit Festwochen-Präsident Walter Strebi wählte Paul Sacher den Park mit dem Teich vor dem Löwendenkmal als idealen Ort zur Abhaltung von Serenaden mit seinem Collegium Musicum. Unter den Pranken des Löwen, der an die 1792 beim Tuileriensturm gefallenen, königlichen Schweizergardisten erinnert, wurden die Serenaden unter freiem Himmel im Laufe der fünf Jahrzehnte zum festen Bestandteil der Luzerner Musikfestwochen. Bis 1970 standen ausschliesslich Mozart und Haydn auf den Programmen. Seit 1971 wurde mit Othmar Schoecks «Som-

Isaac Stern bei den Juni-Festwochen 1978
mit dem Collegium Musicum Zürich. Foto Klaus Hennch

Pierre Boulez während seines Kompositions-Meisterkurses
im Sommer 1969 in der Musik-Akademie Basel. Foto Esther Pfirter

mernacht» und mit Werken von Igor Strawinsky und Ernst Krenek, Alberto Ginastera und Heitor Villa-Lobos der Schritt zur Moderne gemacht. Im Sommer 1977 kam es mit der Serenade «Sumerki» von Sven-Erik Bäck zu einer Uraufführung. Sacher hatte den schwedischen Zeitgenossen in früheren Jahren schon beim BKO mit drei Erstaufführungen vorgestellt.

Nach dem Zürcher Ende spielte das Collegium Musicum in Luzern bis 1996 noch während fünf Jahren an den Musikfestwochen. Die beiden letzten Serenaden waren mit Anne-Sophie Mutter und Mstislav Rostropovitch prominent besetzt. Und im Juni 1996 füllte die Stargeigerin die Ränge des Zürcher Opernhauses bis zur Flohbühne hinauf, als der neunzigjährige Sacher sie mit dem Opernorchester in zwei Mozart-Violinkonzerten noch einmal begleitete.

Gastdirigenten – Komponisten-Abende

Seit den fünfziger Jahren engagierte Paul Sacher in Basel und Zürich Gastdirigenten, die entweder als Komponisten ihre eigenen Werke einstudierten und zur Aufführung brachten oder in eigener Verantwortung ganze Abende mit ihren bevorzugten Werken gestalteten. Die Aufzählung der komponierenden Dirigenten beziehungsweise der ihre Favoriten dirigierenden Gäste veranschaulicht die breite stilistische Öffnung, die ein solcher Podiumswechsel am Pult der beiden Orchester bewirkte. Gastdirigenten beim BKO wie beim CMZ waren Paul Hindemith, Hans Werner Henze, Wolfgang Fortner, Ernst Krenek, Werner Egk, Rudolf Kelterborn, Armin Jordan, Frank Martin, Goffredo Petrassi, Bruno Maderna, Jürg Wyttenbach, Luciano Berio, Francis Travis, Matthias Bamert, Heinz Holliger, Witold Lutosławski, Peter Maxwell Davies, Cristóbal Halffter (viermal mit Strawinskys «Psalmensinfonie»), Karlheinz Stockhausen, Mauricio Kagel, Krzysztof Penderecki und Hans Zender. Zender, der frühere Chefdirigent am Saarländischen Rundfunk, führte beim BKO 1974 Szenen aus Bernd Alois Zimmermanns «Soldaten»-Oper konzertant auf und dirigierte Werke von Morton Feldman und Earle Brown, 1975 Mauricio Kagels «Heterophonie».

Der langjährige, 1992 verstorbene Konzertmeister in beiden Orchestern, Brenton Langbein, tauschte seit dem CMZ-Konzert zu Sachers 70. Geburtstag 1976 öfters das erste Pult mit dem Dirigentenpodium.

Pierre Boulez in Basel

Am 1. April 1955 dirigierte Hans Rosbaud, der erste Chefdirigent des Südwestfunkorchesters nach 1945, ein BKO-Konzert mit Werken von Anton Webern und Arnold Schönberg und stellte damit die Vertreter der Zweiten Wiener Schule ins Zentrum. Die Tradition der selbst gestalteten

Abende eröffnete Frankreichs erstrangiger Komponist und Dirigent Pierre Boulez beim BKO-Extrakonzert vom 21. Oktober 1960 ebenfalls mit dem Südwestfunkorchester. Gespielt wurden Alban Bergs «Drei Orchesterstücke» op. 6 und Boulez' Mallarmé-Portrait «Pli selon pli» mit der Sopranistin Eva-Maria Rogner. Das war auch der Beginn der Freundschaft zwischen Paul Sacher und Pierre Boulez. Am 25./26. Oktober 1962 gastierte das Pariser Ensemble «Domaine Musical» unter Boulez mit dessen «Marteau sans Maître» und mit Arnold Schönbergs Melodram «Pierrot lunaire». In weiteren Extrakonzerten mit dem SWF-Sinfonieorchester, der Basler Orchester-Gesellschaft und dem Basler Sinfonie-Orchester brachte Boulez seine eigenen Werke «Eclat», «Messagesquisse», «Notations I–IV» und Stücke von Olivier Messiaen, Edgar Varèse, Bartók, Schönberg, Berg und Webern erfolgreich zur Aufführung.

Boulez' legendäre Basler Auftritte gipfelten in der Uraufführung seiner instrumental wie technisch aufwendigen «Répons» durch das Ensemble InterContemporain in der Mustermesse Basel am 27./28. September 1984 sowie in der Aufführung seiner «Figures, Doubles, Prismes», «Rituel, in memoriam Bruno Maderna» und «Notations I–IV» am 2. Oktober 1986. Zuletzt erwies Boulez seinem Freund Sacher zu dessen 90. Geburtstag, gleichzeitig zum zehnjährigen Bestehen der Paul Sacher Stiftung, nochmals die Referenz mit dem Ensemble InterContemporain: Am 28. April 1996 wurden im Basler Musiksaal Boulez' Stück «sur Incises» für je drei Klaviere, Harfen und Marimbaphone und zwei Stücke von Harrison Birtwistle und Luciano Berio uraufgeführt.

Pierre Boulez für Basel?

Nicht nur als Dirigent, sondern auch als Dozent war Pierre Boulez in Basel ein hochwillkommener Gast. Auf Einladung von Paul Sacher gab er in den Jahren 1960, 1965 und 1969 an der Musik-Akademie Kompositions-, Dirigier- und Interpretationskurse, die auf die jungen Komponisten und Dirigenten eine nachhaltige Wirkung ausübten. Für die Orchestermusiker waren die Konzerte unter Pierre Boulez' taktstocklosen, äusserst präzise dirigierenden Händen immer von neuem eine Herausforderung.

Dass Sacher seinen Freund Boulez nach Basel geholt und ihm ermöglicht hat, die üppig besetzten Werke aufzuführen bzw. durch seine Studenten aufführen zu lassen, hat der Westschweizer Dirigent Ernest Ansermet, ein Verächter des Serialismus, nicht verstanden. «Vous avez perdu le nord!» soll Ansermet an Sacher telegrafiert haben. Der Vorwurf, vom «Kurs» des Neoklassizismus abgekommen zu sein, hat das Verhältnis der beiden Dirigenten für immer getrübt.

Das gute Einvernehmen zwischen Boulez und dem Basler Orchester hätte in den sechziger Jahren beinahe zu einer festen Bindung geführt. Der Franzose war als Künstlerischer Leiter der Allgemeinen Musik-Gesellschaft Basel im Gespräch (als Nachfolger von Hans Münch, der während dreissig Jahren AMG-Dirigent war, und von Wolfgang Sawallisch, der nur während eines kurzen Interregnums die AMG geleitet hatte). Boulez hätte mit einem auch die Moderne integrierenden Generalprogramm das seit Weingartner auf die klassisch-romantische Tradition eingeschworene Abonnementpublikum gewiss irritiert. Um eine längere Phase der Neuorientierung zu garantieren, wollte die AMG mit Boulez einen Sechs-Jahresvertrag abschliessen, während dieser sich nur für drei Jahre binden lassen wollte. Auch beabsichtigte Boulez, das Sinfonie-Orchester für Gastpielreisen zu verpflichten. Die Abwesenheiten hätten indes die Verfügbarkeit der Musiker für andere Veranstalter, vor allem für das Theater, aber auch fürs BKO tangiert, was Paul Sacher gewiss nicht ohne weiteres hätte akzeptieren können. So nahm Boulez das AMG-Angebot nicht an, blieb aber in Basel ein gern gesehener Gast.

Zum Thema Strawinsky bekannte Pierre Boulez beim Basler Podiumsgespräch vom 26. April 1996, das im Rahmen des Symposions «Die Klassizistische Moderne in der Musik des 20. Jahrhunderts» stattfand, ausser «Le Sacre du Printemps», «Les Noces», den «Japanischen Liedern» und «Renard» akzeptiere er keine anderen Stücke als Meisterwerke. «I really hate these works», entgegnete er Luciano Berio, der ihn auf die Bedeutung von Werken wie «Psalmensinfonie», «Agon» oder «Requiem Canticles» angesprochen hatte. Noch stärker: «The Strawinsky of this period, between the two world wars, was like a couturier. Each season he presented a new cloth, once it was like this, then it was like that, the third time it was like that ..»

Basels Orchestersituation

Pierre Boulez war es auch, der im Hinblick auf Basels vertrackte Orchestersituation den damals sehr unkonventionellen Plan zur Schaffung eines «Sounds pools» entwickelte. Darin sollten die Orchestermusikerinnen und -musiker nicht nur als kompaktes Kollektiv auftreten, sondern durch Bildung verschiedener Formationen vom Bläserensemble über Kammerformationen bis zur grössten Sinfonieorchester-Besetzung Einstudierungen und Aufführungen von Werken verschiedenster Gattung und Besetzung nebeneinander ermöglichen. Es blieb bei der kühnen Idee. Die Basler Orchester-Gesellschaft, später die Stiftung Basler Orchester, wie auch die Veranstalter sahen ihre organisatorische wie künstlerische Autonomie tangiert und schienen wenig Interesse an einem solchen offenen Musiker-Verbund zu zeigen. Dennoch vermochten sich weder das Basler Sinfonie-Orchester noch das seit 1971 in Basel domizilierte Radio-Sinfonieorchester auf die Dauer als eigenständige Klangkörper nach aussen hin zu profilieren, zumal ihre künstlerischen Leiter nur für die Proben und Aufführungen ihrer jeweiligen Veranstalter verantwortlich zeichneten. Somit erfüllten die Formationen weitgehend ihre Funktion als «Dienstorchester» unter wechselnden (Chef-)Dirigenten: Moshe Atzmon, Horst Stein und Walter Weller bei der AMG, Armin Jordan und Michael Boder im Theater, Paul Sacher beim BKO, Matthias Bamert und Nello Santi bei Radio DRS. Auf dem Konzertpodium, bei Aufnahmen vor Mikrofonen, im Orchestergraben und als Begleitorchester der Oratorienchöre mussten sich die Musiker und Musikerinnen auf die unterschiedlichen programmlichen Bedürfnisse der Veranstalter einstimmen.

Die Fusion der beiden Orchester im Sommer 1997 zum grossbesetzten «Sinfonieorchester Basel» war einerseits begründet durch den Rückzug von Schweizer Radio DRS, andererseits durch den Wegfall der Dienste für das aufgelöste klassische Ballett und für das ebenfalls aufgelöste Basler Kammerorchester. Nach wie vor spielt das fusionierte Sinfonieorchester auf dem Konzertpodium und in der Oper mit verteilten Chefpositionen (Mario Venzago resp. Julia Jones). Und vermisst wird der künstlerisch-organisatorische Support, der dem Orchester ermöglichen würde, sich durch CD-Aufnahmen und Gastspiele auch ausserhalb seiner Wirkungsstätte bekannt zu machen und damit den Ruf Basels als Musikstadt zurückzugewinnen.

Heinz Holliger

Der 1939 in Langenthal geborene Heinz Holliger hat sich als Oboist wie als Komponist und Dirigent beim BKO und CMZ einen Namen gemacht. Beim BKO-Konzert im Januar 1964 hob Holliger das Concertino für Oboe und Orchester von Conrad Beck aus der Taufe. Auf dem Programm von Holligers erstem Auftritt mit dem Collegium Musicum vom 1. Februar 1993 stand die von ihm zwei Jahre zuvor uraufgeführte «Passacaglia concertante» für Oboe und Streichorchester seines Lehrers Sándor Veress. Zur Uraufführung brachte das Ehepaar Heinz und Ursula Holliger beim CMZ das Doppelkonzert für Oboe und Harfe von Hans Werner Henze, die «Trois Danses» von Frank Martin, «Eucalypts» von Toru Takemitsu und das «Triple concerto» von Norbert Moret zusammen mit dem Flötisten Aurèle Nicolet.

Holliger ist ein hervorragender Kenner sowohl der älteren wie der neusten Musik. Er studierte mit beiden Orchestern auch eigene Werke ein und dirigierte sie: vom «Siebengesang» im Oktober 1970 bis zur

Heinz Holliger (rechts) mit Luciano Berio nach der Probe
zu dessen «Corale su Sequenza VIII» im CMZ-Konzert vom
17. Januar 1982. Foto Klaus Hennch

Uraufführung seiner «Turm-Musik» im Januar 1985. Und er engagierte sich gleichermassen für die vorklassische Musik eines Jan Dismas Zelenka wie für selten aufgeführte Vokalmusik: Robert Schumanns Dramatisches Gedicht «Manfred», Franz Schuberts «Rosamunde», Claude Debussys «La Chute de la Maison Usher» oder Joseph Haydns Oper «L'isola disabitata».

Angesichts eines solchen Engagements und Könnens wurde bei der heiklen Frage der Nachfolge von Paul Sacher mehrfach Heinz Holliger erwähnt. Als der Gründer erstmals im Dezember 1975 seinen Mitgliedern zum fünfzigjährigen Bestehen des BKO per 1977 seinen Rücktritt erklärte, warf er Holliger als Nachfolger in die Waagschale, der doch einen Auftakt dirigieren könne... Die Kommission bat Sacher um eine Verlängerung seiner Tätigkeit. Im Mai 1976 teilte Sacher seinen Mitgliedern mit: «Da dem Fortbestand des BKO von Mitgliedern und in der Öffentlichkeit grosse Bedeutung beigemessen wird, musste ich meine Rücktrittsabsichten zunächst zurückstellen, um bei der Suche nach einem geeigneten Nachfolger und einer neuen finanziellen Basis behilflich zu sein.» Die Suche verlief offensichtlich ergebnislos.

Vom Basler Kammerorchester zum Basler Musik Forum

Am 27. November 1986 erklärte Paul Sacher in einer siebenzeiligen Mitteilung an die Mitglieder des Basler Kammerorchesters seinen endgültigen Rücktritt nach seinem 80. Geburtstag per Ende der 60. BKO-Saison im Sommer 1987: «Nun ist es an der Zeit, meinen Entschluss in die Tat umzusetzen. Nach Ablauf dieser Saison wird das BKO seine Tätigkeit beenden. Ich danke unseren Mitgliedern, unseren Zuhörern, den mitwirkenden Künstlern und den Behörden für ihre Unterstützung, ganz besonders auch dem Vorstand und meinen Mitarbeitern. Ich bin sehr glücklich, dass ich mit dem BKO meine Vorstellung der musikalischen Interpretation und der Programmgestaltung verwirklichen konnte. Im Mittelpunkt standen stets die zeitgenössische Komposition und unbekanntere Werke der älteren Musik.»

Ein kurzfristiger Entscheid. Doch wie ein Phönix aus der Asche erstand schon zu Beginn des Jahres 1987 eine Nachfolgeorganisation: das Basler Musik Forum (BMF) mit einem künstlerisch und einem organisatorisch verantwortlichen Ausschuss, bestehend aus Heinz Holliger, Rudolf Kelterborn und Jürg Wyttenbach als Anreger der neuen Musik, Arthur Godel, dem nachmaligen Programmleiter von Schweizer Radio DRS2, und dem AMG-Präsidenten Thomas Staehelin. Eine Spontangeburt mit einem Generalprogramm für die Saison 87/88, das sich bereits im ersten Konzert mit dem Gastdirigenten Dennis Russell Davies und dem Geiger Gideon Kremer in Sofia Gubaidulinas «Offertorium» sehen und hören lassen konnte. Weiter gastierte Ernest Bour mit dem Südwestfunk-Sinfonieorchester im BMF. Und nach Schumanns «Manfred» brachte Heinz Holliger das Melodram «Lelio» von Hector Berlioz zur Aufführung. Clytus Gottwald und seine Schola Cantorum Stuttgart stellten Heinz Holligers Hölderlin-Vertonung «Jahreszeiten» aus dem «Scardanelli»-Zyklus vor, und unter Peter Eötvös gastierte die Junge Deutsche Philharmonie.

Paul Sacher konnte über die harmonische Fortsetzung seiner Bemühungen um die Aufführung alter und neuer Musik im weitesten Sinne zufrieden sein. International besetzt ist das Basler Musik Forum durch vermehrte Verpflichtung auswärtiger Ensembles, die sich auf die Aufführung neuer oder alter Musik spezialisieren. Den Konzerten vorangestellt werden zur Feierabendzeit jeweils Aufführungen von Werken, die zum Hauptprogramm Bezüge herstellen und meist von Studierenden ausgeführt werden.

Basler «Festspiele» – Gastdirigate

Das Basler Kammerorchester war zusammen mit anderen Konzertveranstaltern ebenfalls beteiligt an den vom Verein für Kunst- und Musikveranstaltungen organisierten Musik-Festen, die sich in erster Linie an Programminhalten und Komponisten ihrer Zeit orientierten. Die Basler Feste von 1958–1983 waren einzelnen Komponisten oder einem bestimmten Zeitraum gewidmet: Béla Bartók (1958), Arthur Honegger (1962), «Neue Musik aus Deutschland» (1964), IGNM-Weltmusiktage (1970), Neue Wiener Schule (1973), Franz Schubert (1978), «Musik zwischen 1945–1980» (1980), Joseph Haydn (1983). Leider sind weitere Feste den Sparmassnahmen, vielleicht auch schlicht mangelnder Initiative zum Opfer gefallen.

In der Schweiz dirigierte Paul Sacher meistens auf den Podien des Basler Musiksaals und der Zürcher Tonhalle mit dem Ensemble des BKO bzw. des CMZ. Bereits als 24jähriger wurde er auch als Gastdirigent auswärtiger Orchester verpflichtet. Über diese Verpflichtungen gibt der Band «Paul Sacher als Gastdirigent» (1986) Aufschluss.

Als Auftakt dirigierte er im Sommer 1930 das als «Kurorchester» im Jugendstilsaal des Kurvereins Interlaken auftretende Orchestre de Chambre de Lausanne mit Werken von Gluck, Mozart, Bartók und Strawinsky. Den fünf Auftritten bei Göteborgs Sinfonieorchester Anfang 1932 folgten im Laufe der Jahrzehnte regelmässige Dirigate in den europäischen Musikzentren Paris (Orchestre de la Société Philharmonique), London (BBC-Orchester), Venedig (Orchestra del Teatro La Fenice), Brüssel (Orchestre National Belgique und Société Philharmonique), Mailand (Orchestra Stabile del Teatro Nuovo), Madrid (Orquesta Nacional de España), Prag (Tschechische Philharmonie) , München (Münchner Philharmoniker), Tel Aviv (Israel Philharmonic Orchestra). Marksteine in Sachers Tätigkeit als Operndirigent waren die Aufführungen von 1954–58 an der englischen Glyndebourne Festival Opera mit Strawinskys «The Rake's Progress», Mozarts «Entführung aus dem Serail» und der «Zauberflöte» in Inszenierungen von Carl und Peter Ebert. Und als szenische Uraufführungen dirigierte Sacher am Zürcher Stadttheater im Mai 1949 «Die schwarze Spinne» von Willy Burkhard und im Juni 1961 «Griechische Passion» von Bohuslav Martinů.

Wiener und Berliner Auftritte

Nach dem Zweiten Weltkrieg dirigierte Sacher am 19. Oktober 1946 erstmals die Wiener Symphoniker mit Richard Strauss' «Metamorphosen» und Frank Martins «Cornet» und nochmals am 16. Juni 1947 im Rahmen des 1. Wiener Musikfestes mit Arthur Honeggers «Symphonie liturgique» und dem Oratorium «Johanna auf dem Scheiterhaufen». Den Anfang zu Sachers Wiener Philharmoniker-Debut vom 4. April 1951 machte die Uraufführung der Zweiten Sinfonie von Johann Nepomuk David. Im Juli 1970 dirigierte Sacher bei einem Rostropovitch-Festival an drei Abenden das Tonkünstlerorchester im Musikvereinssaal mit Cellokonzerten von Schostakowitsch, Prokofieff, Britten, Chatschaturian, Schumann und Haydn.

Bei der Kritik fanden Sachers auswärtige Verpflichtungen nicht überall dieselbe Anerkennung. So schrieb nach enthusiastischen Lobeshymnen über Rostropovitchs «einzigartigen Triumph eines der grössten Virtuosen unserer Zeit» die Wiener «Presse» am 7. Juli 1970: «Wem zuliebe man freilich den betagten Paul Sacher als Dirigenten verpflichtet hatte, der dem Vulkan an Musizierfreude und Persönlichkeit an seiner Seite meist hilflos gegenüberstand und nicht nur einmal von den Ereignissen rund um ihn überrollt wurde, bleibt rätselhaft.» Wiener Schmäh, der seinem Ruf alle Ehre macht.

An seinem 76. Geburtstag 1982 gab Sacher sein Debut bei den Berliner Philharmonikern mit Honeggers Sinfonie «Horace Victorieux», Strawinskys «Concerto en ré» und Prokofieffs «Symphonie concertante», wiederum mit Rostropovitch als Solisten.

Schallplatten – Radioaufnahmen

Die erste Schallplatte mit Paul Sacher am Pult war im Februar 1931 die Aufnahme der Chöre aus Mozarts «Idomeneo» mit dem Basler Kammerchor im Pariser «Salle Chopin de la Maison Pleyel» für «His Master's Voice». Es folgte eine Reihe in der Serie «Anthologie sonore» mit Chören und Kantaten alter Meister von Heinrich Finck bis Johann Seba-

Chorprobe für die amerikanische Erstaufführung von
«Das Gesicht Jesajas» von Willy Burkhard in der Carnegie Hall
New York vom 3. April 1955 mit The Collegiate Choral.
Stehend rechts: der Komponist Willy Burkhard.
Foto Henry Rapisarda

stian Bach. In den vierziger Jahren machte das BKO Plattenaufnahmen für die Labels «His Master's Voice» und «Elite» mit Werken von Conrad Beck, Frank Martin und Walther Geiser, und im April 1954 nahm es für «Philips» Bachs «Brandenburgische Konzerte» auf. Als Eigenaufnahme wurde Rolf Liebermanns «Geigy Festival Concerto» für Basler Trommel mit Fritz Berger als Solisten produziert.

Seit dem 2. Konzert vom Juni 1927 wurden die Konzerte des Basler Kammerorchesters wie später auch diejenigen des Collegium Musicum Zürich von der Schweizerischen Rundspruch Gesellschaft, der SRG und ihren Studios Basel und Zürich direkt, seit 1946 auch als Aufnahmen gesendet. Dabei hatten die Tonmeister Max Adam und Jürg Jecklin an der technischen Entwicklung von Orchesteraufnahmen, auch in der neuen Musik mit ihren oft ausgefallenen Besetzungen, entscheidenden Anteil. Die Aufnahmetechnik reichte von ersten Aufnahmen, bei denen der Stichel die Tonspuren in eine Wachswalze eingravierte, über das schwere Stahlband und das monaural, dann stereofon und sogar quadrofon bespielte Magnettonband bis zum Digital Audio Tape (DAT) und zur Compact Disc (CD).

Paul Sacher war regelmässiger Gast in den Aufnahmestudios von Schweizer Radio DRS, früher mit dem Radioorchester Beromünster in Zürich, dann mit dem Basler Sinfonie-Orchester und zuletzt im Februar 1997 mit dem Geiger Antonio Nuñez und dem Basler Schlagzeug-Ensemble im Kammermusikstudio von Radio Basel, wo drei Stücke des 1917 geborenen Amerikaners Lou Harrison für eine CD eingespielt wurden.

Die Bekanntschaft mit dem Musikabteilungsleiter des Südwestfunks Heinrich Strobel und dem BBC-Direktor K. A. Wright ermöglichten Sacher seit 1952 Rundfunkaufnahmen mit dem Südwestfunkorchester in Baden-Baden und dem BBC-Symphony Orchestra in London für das Third Program von BBC London. Später machte Sacher Aufnahmen an den Sendeanstalten der ARD, des Süddeutschen Rundfunks Stuttgart, des Hessischen Rundfunks Frankfurt, des Westdeutschen Rundfunks Köln, jeweils mit den zugehörigen Sinfonieorchestern, die unter Sachers Leitung vor allem dessen Auftragswerke neu einspielten.

Und für ein Filmporträt über Arthur Honegger dirigierte Sacher Ende 1978 das Radio-Sinfonieorchester Basel in Honeggers «Deliciae Basilienses»-Sinfonie und in dessen «Concerto da camera».

Verwaltungsrat bei der F. Hoffmann-La Roche AG

Paul Sacher ist nicht nur der Dirigent mit dem Blick für die Strömungen in der modernen Musik, er hat auch für das Geschäftliche den Scharfsinn und die Intuition, um zum gegebenen Zeitpunkt das Richtige zu

erkennen, die Entscheidung seiner Wahl zu treffen und seinen Willen durchzusetzen – Musiker und Manager in einer Person. Maja Sacher hatte schon auf der Hochzeitsreise klargestellt: «Ich die Kunst, Du die Musik und das Geschäft!» Paul Sacher hat die Herausforderung angenommen und sich vier Jahre nach der Hochzeit in den Verwaltungsrat der Hoffmann-La Roche wählen lassen. Auch in dieser Funktion gilt für Sacher seit je die unumstössliche Devise «Es ist alles von Menschen gemacht!». Der Mensch und seine Möglichkeiten stehen für sein Wollen und Wirken im Zentrum.

Ein Blick zurück in die Firmengeschichte der Hoffmann-La Roche. Im Frühling 1895 hatte der Gründer Fritz Hoffmann die kaum 19jährige Adèle La Roche, die Schwester seines Freundes Emanuel La Roche geheiratet. Im Frühling 1920 starb Hoffmann im Alter von erst 52 Jahren und hinterliess die beiden Söhne Emanuel und Alfred Hoffmann im Alter von 24 und 22 Jahren. Präsident der Hoffmann-La Roche AG war Fritz Hoffmanns Schwager, Albert Koechlin-Hoffmann, der auch die Basler Handelsbank präsidierte. Generaldirektor wurde Emil C. Barell, der einen eigenmächtigen und autoritären Führungsstil entwickelte. So soll er einst einem fristlos entlassenen Mitarbeiter Stock und Hut zum Fenster hinausgeworfen und ihn aufgefordert haben nachzuspringen.

Fritz Hoffmanns Entscheid von 1920, das Aktienkapital zu verdoppeln, brachte nach seinem Tod seine Söhne in Schwierigkeiten. Während Emanuel Hoffmann, der damals bereits mit Maja Stehlin verlobt war, die ererbten Aktien behielt, verkaufte Alfred Hoffmann seinen Anteil. Den Grossteil übernahm die Basler Handelsbank. Erst 25 Jahre später gelang es Paul Sacher in seiner Funktion als Vertreter von Maja Sacher und ihrer beiden Kinder Lukas und Vera im Verwaltungsrat, die Aktienmehrheit zurückzugewinnen. Dazu heisst es in der Firmenfestschrift «Roche – Geschichte eines Unternehmens»: «Eine letzte Auswirkung von Krise und Krieg war schliesslich die entscheidende Kräfteverschiebung unter den Schweizer Aktionären von Roche, die sich wenige Monate nach Kriegsende abspielte. Die Basler Handelsbank hatte seit den dreissiger Jahren wegen grosser Anlagen in Deutschland schwere Verluste erlitten und vermochte sich nach Kriegsende nicht mehr selbständig zu erhalten. Dr. M. Brugger, ihr Präsident und langjähriger gewissenhafter Leiter, der auch im Verwaltungsrat von Roche lange sehr positiv gewirkt hatte, schied am 1. August 1945 aus dem Leben, und der Schweizerische Bankverein übernahm die Basler Handelsbank. Damit ergab sich das Problem, was aus ihrer bedeutenden Aktienbeteiligung an Roche werden sollte, ohne die die Bildung einer Aktienmehrheit kaum denkbar war. Die leitenden Direktoren erwogen verschiedene Lösungen, wie die Verteilung dieser Aktien unter die bisherigen Roche-Aktionäre, die Kotierung an der Börse und anderes mehr. Doch entschloss sich Paul Sacher, für seine Frau und ihre Familie das damals nicht geringe Risiko des Kaufes dieser Aktien zu übernehmen.» Ein kühner Entscheid, der Sachers Risikofreudigkeit auch in geschäftlichen Dingen bewies.

Die Wahl von Fritz Gerber

Als Alberto Caflisch im Jahre 1952 das Präsidium des Roche-Verwaltungsrates übernahm, wurde Sacher Vizepräsident. 1953 trat Lukas Hoffmann in den Verwaltungsrat ein. 1965 übernahm Adolf Walter Jann das Präsidium, liess aber das Unternehmen mit Abwertung, Skandalen (Affären um Stanley Adams, Seveso, Talc-Morhange) und Image-Verlust in eine Führungs-, Struktur- und Ertragskrise schlittern. Als Janns Nachfolger schlug Sacher 1978 den Präsidenten der «Zürich Versicherung», Fritz Gerber, vor: Mit Strukturbereinigungen und «strategischen Allianzen» steuerte Gerber den Konzern wieder auf Erfolgskurs und gewann auch das Vertrauen der Gründer- und Besitzerfamilie.

Fritz Gerber erinnert sich, wie er damals als Oberst der Schweizer Armee im Herbst 1977 während eines Manövers im Melchthal von Sacher aufgesucht und zur Übernahme der Leitung der Roche aufgefordert wurde. Der Hinweis auf die militärischen Umstände und das Tenue in Gamaschen und Kampfanzug konnten Sacher nicht davon abhalten, den Auserwählten schnurstracks im Felde aufzusuchen. Gerber liess sich schliesslich überreden, neben dem Präsidium der Zürich Versicherung auch das Präsidium und die Konzernleitung von Roche zu übernehmen.

Fritz Gerber schildert den «Königsmacher» Sacher als «visionären Geist», der im Verwaltungsrat mit sicherem Instinkt und untrüglichem Gefühl immer wieder auf zentrale Punkte aufmerksam machte und die Finger auch auf wunde Punkte legte. Er schätzt auch den hohen Grad von Verantwortungsbewusstsein und Loyalität, den die Gründerfamilie ihrem Unternehmen gegenüber vertritt und dabei ihre materiellen Eigeninteressen nicht um jeden Preis in den Vordergrund stellt.

Der Dirigent und Musiker ist auch als Entscheidungsträger im Unternehmen der Roche zu einer Symbolfigur und einer moralischen Instanz geworden. Dank seiner kommunikativen Kompetenz und dank Maja Sachers Unterstützung nahmen und nehmen auch Kunst und Architektur bei der Roche einen hohen Stellenwert ein. Das bezeugen die anspruchsvoll modernen Bauten am Hauptsitz und in den Filialen, wie auch die durch persönliche Beziehungen geprägte Kunst am und im Bau.

Zum hundertjährigen Bestehen stiftete die Firma den Mario Botta-Bau für das Tinguely-Museum am Rande des Solitude-Parks, während zum 75-Jahr-Jubiläum die Roche ein offenes Ohr für die Künste der Königin der Instrumente hatte und der Musikstadt Basel eine neue Orgel im Musiksaal des Stadtcasinos schenkte, die im September 1971 vom BKO-Organisten Eduard Müller mit zwei Konzerten von Händel und Poulenc eingeweiht wurde.

Die Paul Sacher Stiftung

Paul Sacher hat seine Auftragswerke, für deren Einstudierungen er sich von den Komponisten jeweils auch persönlich beraten liess, nicht nur zur Uraufführung gebracht, sondern die Dokumente der Entstehung vom Auftrag bis zur Aufführung, von der ersten Korrespondenz bis zu den gedruckten Stimmen im Laufe der Jahre und Jahrzehnte aufbewahrt. «Ich habe nie systematisch gesammelt, sonst hätte ich mir bei den zahlreichen Kompositionsaufträgen nicht nur das Recht der Uraufführung ausbedungen, sondern auch den Besitz des Manuskriptes. Diese Autographen sind nur teilweise vorhanden.» Aus den Geleitworten zur Eröffnung der Paul Sacher Stiftung glaubt man, ein Bedauern des Stifters herauszuhören, dass er bei Gelegenheit des Kompositionsauftrags nicht auch gleich die Überlassung der Autographen, der Urschriften, Skizzen, Particelle, Partituren und Einzelstimmen als Bestandteil des Auftrags vertraglich geregelt hat. Im Falle Béla Bartóks konnten immerhin die drei für Basel komponierten Werke, die «Musik für Saiteninstrumente, Schlagzeug und Celesta», die «Sonate für zwei Klaviere und Schlagzeug» und das «Divertimento für Streichorchester» von der Paul Sacher Stiftung nachträglich erworben werden.

In Sachers persönlicher Musikautographen-Sammlung befinden sich die Manuskripte der Auftragswerke von Richard Strauss über Conrad Beck, Sándor Veress und Benjamin Britten bis Robert Suter und Luciano Berio. Die Sammlungen sind in der Festschrift zu Sachers 70. Geburtstag aufgeführt. Sie bilden den Grundstock zur Stiftung, die Paul Sacher im Jahre 1973 gegründet hat. Als Schenkungen eingebracht wurden auch die Bibliothek und der Nachlass des Historikers und Jacob Burckhardt-Biographen Werner Kaegi, die Noten und Bücher der Hymnologin Ina Lohr und der musikalische Nachlass der Basler Cembalistin Antoinette Vischer.

Das Haus «Auf Burg»

Das Haus, das Sacher im Jahre 1974 für sich und seine Stiftung erworben hat, liegt am Münsterplatz gegenüber der Galluspforte des Basler Münsters. Es wurde Mitte des letzten Jahrhunderts vom Architekten

Georg Friedrich Frey im Auftrag von Maria Burckhardt-Hess, der Tochter des Zürcher Schriftstellers und Zeichners David Hess, erbaut und auf den Namen «Auf Burg» getauft. Im Nachbarhaus wohnte der Erforscher des Mutterrechts, Johann Jakob Bachofen. Später bewohnten Maria Burckhardts älteste Tochter und ihr Gatte, der Philosophieprofessor Karl Steffensen das Haus «Auf Burg», in dem auch Charlotte Kestner, die Tochter von Goethes «Lotte» Charlotte Kestner-Buff, ihre letzten Lebensjahre verbrachte. Seit 1891 lebte Regierungsrat Carl Christoph Burckhardt-Schazmann mit seiner Familie in diesem Haus. Im selben Jahr wurde auch der spätere Diplomat, Schriftsteller und Historiker Carl Jacob Burckhardt geboren. Maria Margaretha Steffensen-Burckhardt vermachte später das Gebäude der Freiwilligen Akademischen Gesellschaft Basel. Zuletzt wurde es vom Geschichtsprofessor Werner Kaegi und seiner Gattin, der Ärztin und mystischen Visionärin Adrienne von Speyr, bewohnt.

Das in einem «milden Klassizismus» erbaute Haus wurde in den Jahren 1982–85 von Katharina und Wilfrid Steib mit aller erdenklichen Sorgfalt und Rücksicht auf denkmalpflegerische Vorschriften für die neuen Zwecke umgebaut und mit einem neuen Lichthof versehen. Unter den mit wertvollen Kachelöfen ausgestatteten Arbeitsräumen und der Bibliothek sind rheinseitig in der Böschung die geschützten Archivräume eingebaut, die neuerdings im teilweise dazu erworbenen Nachbarhaus erweitert worden sind. In ihrer Ausstattung sind die Räume schlicht, «spartanisch» möbliert, wie es sich der Stifter wünschte. Man sitzt auf formschönen Moser-Stühlen und an breiten Tischen, unterstützt durch alle technischen Hilfsmittel, wie Mikrofilm- und Videogeräte, auf denen die wertvollen Autographen zu Forschungszwecken in hochwertiger Reproduktion einsehbar sind.

In der Stiftung betreuen derzeit vier Musikologen und sieben Archivarinnen bzw. Bibliothekarinnen die Sammlungen. Hermann Danuser, Ordinarius für Musikwissenschaft an der Humboldt-Universität Berlin, koordiniert die Projekte und Forschungsarbeiten zwischen dem zwanzigköpfigen Stiftungsrat, dem sechsköpfigen Stiftungs-Ausschuss und den wissenschaftlichen Mitarbeitern.

Strawinsky-Nachlass und Sammlungen

Im Sommer 1983 sorgte der Ankauf des Nachlasses von Igor Strawinsky in der Höhe von 12 Millionen Schweizerfranken für internationales Aufsehen. Die zirca 225 Manuskripte waren nach dem Tod des Komponisten (1971) bereits in einem «Catalogue of Manuscripts» erfasst worden. Zum Nachlass gehören zahlreiche Briefe, Kritiken, persönliche Dokumente und Fotografien. Unter den Autographen befinden sich

Hans Werner Henze und Paul Sacher während Aufnahmen
für ein Fernseh-Porträt im Juni 1971. Foto Regula Zimmermann

zwar nicht unbekannte, wohl aber unveröffentlichte Urfassungen und Bearbeitungen von Strawinskys Werken.

Ein weiterer gewichtiger Ankauf war 1984 die Sammlung Anton Webern aus dem Archiv von Hans Moldenhauer. Darin dokumentiert sind die Werke des Vertreters der Zweiten Wiener Schule wie auch Weberns Skizzen und Tagebücher.

Auch lebende Komponisten wie Pierre Boulez, Luciano Berio, Hans Werner Henze, Klaus Huber und Wolfgang Rihm haben ihre Sammlungen der Paul Sacher Stiftung übergeben und ergänzen sie laufend durch neue Werke. Die Sammlung von Mauricio Kagel zeigt einen Komponisten, der jedes Detail seines Schaffens akribisch genau registriert und archiviert hat. Eine der grössten Sammlungen ist diejenige des amerikanischen Komponisten Elliott Carter. Und als letzte bedeutende Sammlung ist diejenige des Amerikaners Morton Feldman hinzugekommen.

Im zwölften Jahr seit ihrer Eröffnung beherbergt die Paul Sacher Stiftung bereits 65 Sammlungen und Nachlässe. Zur Aufgabe der Aufarbeitung, Inventarisierung und Katalogisierung gehört auch das Veröffentlichen der jüngsten Forschungen und der bisher unpublizierten Werke.

Die Stiftung ist Paul Sachers letztes Kind in der Reihe der Gründungen und Stiftungen. Sie ist materiell so ausgestattet, dass ihr als internationale Forschungsstätte ein langes und sicheres Leben in Aussicht gestellt ist.

Bereits 1975 sind die Sammlungen einer interessierten Öffentlichkeit in der Ausstellung «Musikhandschriften in Basel» im Kunstmuseum gezeigt worden. Im Sommer 1984 wurden die Strawinsky-Autographen in der Ausstellung «Strawinsky. Sein Nachlass. Sein Bild» ebenfalls im Kunstmuseum gezeigt. Die Ausstellung zur Eröffnung der Paul Sacher Stiftung im Sommer 1986 stand unter dem Titel «Die Musik des 20. Jahrhunderts in der Paul Sacher Stiftung». Zu deren zehnjährigem Bestehen, gleichzeitig zum 90. Geburtstag des Stifters, war im Kunstmuseum Basel unter dem Titel «Canto d'Amore» die klassizistische Moderne in Musik und bildender Kunst von 1914 bis 1935 zu sehen. Von Mai bis August 1998 zeigte die Paul Sacher Stiftung auf Einladung der renommierten «Pierpont Morgan Library» in New York eine repräsentative Auswahl ihrer Sammlungen unter dem Titel «Settling New Scores: Music Manuscripts from the Paul Sacher Foundation». Im Gegenzug präsentierte die Morgan Library vom Oktober 1998 bis Anfang 1999 ihre Meisterstücke in Basels Tinguely-Museum unter dem Titel «The Master's Hand: Manuscripts and Drawings from the Morgan Library».

Komponistinnen

In einem Interview mit dem Stifter verwies die 1951 geborene, österreichisch-schweizerische Komponistin Patricia Jünger auf den Umstand, dass in der Paul Sacher Stiftung nur eine Sammlung von einer Komponistin vorhanden sei («Weltwoche» vom 28. 5. 87). Die «Schuld» wies Sacher von sich: «Es ist nichts an mich gelangt, das ich abgelehnt hätte, weil es von einer Frau stammt.» Von Patricia Jünger hat Sacher von 1981–89 immerhin vier Werke uraufgeführt: «Vibrazoni» und «Oh my sweet evening star» durch das Basler Schlagzeug Ensemble, «Machines Party», Komponierte Gesten und Gebärden, ferner «Heller Schein!», Ländlervariationen mit einem Text von Elfriede Jelinek, durch das Collegium Musicum Zürich. Auf Jüngers Frage, ob er sich als «geschlossen, unirritierbar» bezeichne, erwiderte Sacher: «Ganz jung habe ich gelernt, nicht zu zeigen, was in mir vorgeht, und das ist dann nicht eine Gewohnheit, sondern das bin ich selbst geworden. Ich finde, dass ich mich nicht jedem Gegenüber öffnen muss, nicht jedem erklären muss, was ich denke, was mich beschäftigt. Es genügt, wenn das ein kleiner Kreis von Menschen weiss.» Eine Selbsteinschätzung, die Sachers Verschlossenheit, auch seine intuitive Menschenkenntnis verrät, die Fähigkeit, die Kräfte seines Gegenübers mit der Schärfe eines Adlerauges zu erkennen und danach zu handeln.

Vor den Uraufführungen von Patricia Jünger waren von einer Komponistin in der Tat einzig «Drei Lieder für einstimmigen Chor und Streichorchester» von Ina Lohr im Mai 1941 beim BKO uraufgeführt worden. Mittlerweile sind in der Stiftung die Sammlungen der russischen Komponistinnen Sofia Gubaidulina und Galina Ustwolskaja dazugestossen.

Ehrungen

Das Basler Kammerorchester hatte den Dies Academicus vom 16. November 1951, die Jahresfeier der Alma Mater Basiliensis, bereits zum 24. Mal musikalisch umrahmt, als Paul Sacher von der Philosophisch-Historischen Fakultät der Universität Basel den Doctor honoris causa erhielt. Geehrt wurde er, «qui et veteris et recentis artis musicae peritus imprimis abditoria omnis aetatis opera coluit fidaque illorum et subtili interpretatione doctos indoctosque ingenue delectavit...» (der als in der alten wie neuen Tonkunst Kundiger vorzüglich die Geheimnisse und Werke aller Zeitalter gepflegt und durch genaue Wiedergaben Kenner wie Liebhaber aufrichtig erfreut hat).

Bis 1997 wurde Paul Sacher für sein dirigentisches und mäzenatisches Werk von weiteren sieben Universitäten und Musikhochschulen zum Ehrendoktor ernannt: Oxford, Rochester (USA), Genua, Budapest,

Babson Park (Massachusetts, USA), Montreal und Krakau. Im Jahre 1972 erhielt Sacher den Kunstpreis seiner Heimatstadt Basel. Der Preisträger bedankte sich für «die Weisheit unserer Obrigkeit, die es bis heute verstanden hat, zahlreiche Einrichtungen, die andernorts staatlich betrieben werden, in der Form einer Stiftung oder eines Vereins zu belassen und sie damit nicht nur sparsamer zu führen und beweglicher zu erhalten, sondern sich überdies noch den unentgeltlichen Einsatz kunstbegeisterter und kundiger Persönlichkeiten zu sichern...» Angesprochen waren damit einerseits die staatlich gelenkte Kultur nach östlichem Vorbild, andererseits die hierzulande viel gerühmte «Privatinitiative», dank der die Lebendigkeit des Kulturlebens gewahrt bleiben soll.

Paul Sacher wurde nicht nur mehrfach akademisch geehrt. Ehrungen in Form von Medaillen, Verdienstkreuzen und Ehrenmitgliedschaften kamen hinzu, wie 1955 das Ehrenpräsidium des Schweizerischen Tonkünstlervereins. 1997 erhielt Dr. h.c. mult. Paul Sacher vom Bonner Arbeitskreis selbständiger Kultur-Institute den Europäischen Stifterpreis der Kultur-Fördergemeinschaft der Europäischen Wirtschaft in Basel und im selben Jahr die Maecenas-Ehrung «In Anerkennung seiner beispielgebenden Förderung der zeitgenössischen Musik».

Bei dieser Ehrung hielt, auf ausdrücklichen Wunsch Paul Sachers, der Schriftsteller Rolf Hochhuth die Laudatio.

Reichtum als «Lehen»

Durch die Verbindung mit Maja Hoffmann und ihren Vermögensverhältnissen fand sich Paul Sacher in der Lage, die Defizite des Basler Kammerorchesters auszugleichen und namhafte Kompositionsaufträge und die hohen Unkosten für deren Aufführungen zu finanzieren. Der Musiker wurde Mäzen. Er machte nie ein Hehl daraus, dass sich ihm nur dank dieser Verbindung ungeahnte Möglichkeiten eröffnet haben. Und auf die Frage, wie er zu seinem Reichtum stehe, verweist Sacher jeweils auf die damit verbundene Verantwortung und auf das Vergängliche, die ein solches «Lehen» implizierten. Dazu zitiert er den Insektenforscher und Stettiner Entomologen Carl August Dohrn, dem «eine innere Stimme gesagt habe, dass persönlicher Reichtum einer Rechtfertigung bedürfe, dass er ein Lehen sei». Und auf die Frage eines Journalisten,

«Degree Ceremony Oxford» vom 22. Juni 1988
anlässlich der Verleihung der Ehrendoktorwürde der Universität Oxford.
Foto M. Athar Chaudhry

ob wohlhabende Menschen eine moralische Verpflichtung zu sozialer und mäzenatischer Wirksamkeit hätten, antwortete Sacher: «Das ist meine feste Überzeugung. Ich habe ja mein Vermögen nicht verdient. Wenn der Mensch durch glückliche Umstände über Geld verfügt, dann muss er begreifen, dass das geliehen ist und dass er etwas damit tun muss. Man muss es rechtfertigen durch sein Leben, seine Haltung, durch das, was man tut. Auf irgendeinem Gebiet, und mein Gebiet ist nun eben die Musik.» (Neue Musik Zeitung 2/93).

Mit den pekuniären Möglichkeiten wuchs auch Sachers Einflussbereich im Kulturleben. So waren die Ehrenämter in Kultur-Kommissionen und Vorständen mit Persönlichkeiten aus Sachers Umgebung besetzt: der Komponist Conrad Beck war Abteilungsleiter Musik am Radio DRS, Roche-Direktor René von Graffenried Stiftungsratspräsident der Musik-Akademie, Hans Oesch, Ordinarius für Musikwissenschaft an der Universität Basel, war Vorstandsmitglied des BKO, Präsident der Basler Orchester-Gesellschaft und Wissenschaftlicher Koordinator in der Paul Sacher Stiftung bis zu seinem Tod im Jahre 1992. Roche-Direktor Andreas P. Hauri war Präsident der Theatergenossenschaft Basel, Basler Zeitung-Verleger Hans-Rudolf Hagemann BKO-Vizepräsident und Geschichtsprofessor Edgar Bonjour BKO-Präsident. Enge Verbindungen bestanden auch zwischen Maja Sacher und den Kunstinstitutionen, zu Kunstmuseum und Kunsthalle (mit Roche-Generalsekretär Jean-Jacques Fuchs als deren Präsidenten).

Im schweizerischen Musikleben hatte Sacher eine bedeutende Stimme durch seine Ämter als Präsident und späterer Ehrenpräsident des Schweizerischen Tonkünstlervereins, dessen jüngstes Vorstandsmitglied er mit 25 Jahren geworden war; als Experte in der Stiftung Pro Helvetia, als Jury-Präsident der Schweizer IGNM, als Stiftungsrat des Stipendienfonds für Musikstudien, als Schatzmeister der Internationalen Gesellschaft für Musikwissenschaft, als Mitglied der Schweizer Filmkammer, als musikalischer Berater der Generaldirektion von Radio Beromünster und als Berater der Internationalen Musikfestwochen Luzern.

Enge persönliche Beziehungen unterhält Sacher auch im internationalen Kulturleben, etwa als früheres Vorstandsmitglied des Haydn-Instituts in Köln, als Verwaltungsrat des von Pierre Boulez gegründeten Institut de Recherche et Coordination Acoustique/Musique (IRCAM) in Paris, als Ehrenmitglied der Ernst von Siemens-Stiftung usw.

Mäzenatentum

Dass Sacher sein mäzenatisches Werk in so reichem Masse bis zur Gründung und namhaften Dotierung der eigenen Stiftung vollenden konnte, hat er jeweils dankbar mit dem Hinweis auf «glückliche Umstände, auf die ich keinen Einfluss hatte» kommentiert. Allerdings hat er die Mittel ziel- und zweckgerichtet zur Förderung der ihm wichtig erscheinenden Musik und Persönlichkeiten eingesetzt. Im Zeitalter von Donatoren und Sponsoren gehört Sacher zur aussterbenden Spezies der Mäzene, die nach ihrem antiken Vorbild aktiv die Künste fördern, ohne dafür einen Gegenwert auszuhandeln.

In der Musik waren solche Mäzene einst Fürsten, die eigene Orchester unterhielten und Komponisten an ihre Höfe verpflichteten. Zu Beethovens Zeiten liess Graf Moritz Fries in seinem Wiener Palais den Hochadel mit den Klavierkünsten des Komponisten bekanntmachen. Im 20. Jahrhundert gab es den englischen Dirigenten Sir Thomas Beecham, der in London gleich drei Symphonieorchester unterhielt. In der Neuen Welt waren Elizabeth Sprague-Coolidge und Betty Freeman zwei bekannte Mäzeninnen. Und der russisch-amerikanische Dirigent Serge Koussewitzky verfügte durch die Heirat mit Natalie Uschkowa, der Tochter eines Teegrosshändlers, ebenfalls über ein «Lehen», dank dem er mit einem eigenen Orchester auf Wolga-Dampfern volkstümliche Konzerte veranstaltete, zudem die Edition Russe de Musique und die Pariser Concerts Symphoniques gründete und ab 1924 als Leiter des Boston Symphony Orchestra über 400 Kompositionsaufträge, u.a. an Strawinsky, Bartók und Britten, erteilte.

«Schaffer» Sacher

Die grosse Anzahl von Erstaufführungen und ereignishaften Konzerten lässt erahnen, welch ungeheure Schaffenskraft der Dirigent und eigenverantwortliche Veranstalter beim unentwegten Aufspüren, Anregen und Einstudieren alter und neuer Werke bereits im ersten Jahrzehnt des Bestehens des BKO entfaltete. Mit eiserner Disziplin erfüllte Paul Sacher das tägliche Pensum, vom frühen Aufstehen bis zur späten Stunde, wo er sich nach Probe und Konzert erst die freie Musse gönnte.

«Ein unermüdlicher Schaffer», wie ihn BKO-Präsident Edgar Bonjour in der Schrift «Dank an Paul Sacher» zu dessen 70. Geburtstag schildert: «Zum Bilde Sachers gehört auch, wie er nach der Anspannung der Konzerte unbeschwert auflebt, in den anschliessenden Symposien mit Künstlern und Mitarbeitern, oder in der Geselligkeit, die er und seine Gattin auf dem Schönenberg pflegen. Es liegt ihm daran, gleichstrebende Menschen miteinander in Fühlung zu bringen, verwandte Naturen und frohe Gesichter um sich zu sehen. In der gelösten Stimmung des Freundeskreises weicht die herbe Geschlossenheit seines Charakters natürlicher Unbefangenheit, quillt seine eher schwerblütige Wesensart in leichter Mitteilsamkeit auf. Hier lässt er seinen Humor, der sich während der Arbeit vorzugsweise in ironisch-sarkastischen Bemerkungen äussert, frei sprudeln und erquickt auch damit seine Gäste.»

Bonjour beschreibt treffend das Bild einer verschlossenen, unnahbaren, die Contenance immerzu wahrenden Persönlichkeit, deren Inneres sich bei gegenseitigem Vertrauen allerdings auch freimütig offenbaren kann. Sacher hält das Prinzip der Verschwiegenheit hoch. Erst wenn ein Projekt ausführungsreif ist, teilt er die Absicht seiner Umgebung mit; ein Prozess des langen Werdens und Ringens mit sich selbst.

Magicien, Wolf im Schafspelz und Phantom

Von seiner Frau Maja «erbte er», wie sich Paul Sacher ausdrückte, auch die Freundschaft zu Jean Tinguely. Nach dessen Tod am 30. August 1991 setzte sich Sacher zusammen mit der Kunsthistorikerin Margrit Hahnloser aus Fribourg, Niki de Saint Phalle, Tinguelys früherer Frau, und Roche-Präsident Fritz Gerber intensiv für die Errichtung eines Tinguely-Museums ein, das zunächst auf dem Schönenberg entstehen sollte. Vom Architekten Mario Botta entworfen, wurde das Tinguely-Museum schliesslich im Basler Solitude-Park am Rhein in unmittelbarer Nachbarschaft der Roche erbaut und am 1. Oktober 1996 aus Anlass der 100-Jahrfeier von Roche mit dem von Paul Sacher geleiteten Basler Schlagzeug Ensemble eingeweiht.

In einem seiner bebilderten Briefe bezeichnete Tinguely seinen Freund Paul als «magicien», als Magier. Von einer engen Beziehung zeugt auch das ungeschminkte Sacher-Porträt aus der Feder von Niki de Saint Phalle. Sacher schenkte ihr nicht nur eine kostbare Perlenkette, die sie im Schlaf auf der Haut tragen sollte, weil sie dann eine schimmernde Farbe bekäme; für Niki gründete Sacher auch eine Stiftung zur Erhaltung ihres Tarot-Gartens in der Toskana.

«Paul ist der letzte der grossen Patriarchen. Seine zurückhaltende Erscheinung und sein aussergewöhnliches Flair erinnern an einen florentinischen Medici-Prinz... Der Patriarch hat eine Gesamtschau des Lebens und ist es gewohnt, Entscheidungen für alle zu treffen... Paul liebt Herrschaft und übt sie auch aus... Macht ist ihm ganz selbstverständlich; er schätzt sie und ist mit ihr vertraut... Frauen gegenüber ist Paul wie ein Wolf im Schafspelz. Ich glaube, dass Paul Künstler für Kinder hält.»

Worte und Wertschätzungen, die Niki de Saint Phalle als eine Frau mit dem unbändigen Willen nach Autonomie und Offenheit ganz unverblümt in ihrem im Buch «Briefe von Jean Tinguely an Paul Sacher» abgedruckten Aufsatz schildert.

Das junge «Ensemble XXI Moskau» wurde im März 1998 zum Geburtstag von Roche-Präsident Fritz Gerber im Tinguely Museum für

Aufführungen von Honeggers 2. Sinfonie und Strawinskys «Concerto en ré» engagiert. Dazu meldete sich im Vorfeld die junge, irische Dirigentin Lygia O'Riordan beim 92jährigen Auftraggeber der modernen Klassiker. «Sie wollte wissen, ob ich ein Phantom oder ein Mensch aus Fleisch und Blut bin. Diesem Gespräch entsprang der Plan zum Konzert», schrieb Paul Sacher in der persönlichen Einladung an die Presse.

Nachklang

Bei Gelegenheit der Verleihung des Ernst-von-Siemens-Musikpreises an den ungarischen Komponisten György Kurtág am 18. Juni 1998 im Münchner Cuvilliés-Theater wurde der anwesende Paul Sacher geehrt, der seit 1975 der Siemens-Stiftung angehört und als deren Ehrenvorsitzender nun die 25. Preisverleihung erlebte. Unter den Gästen befanden sich auch die Komponisten Pierre Boulez und Wolfgang Rihm. Die aus zwei Generationen stammenden Freunde Sachers hielten in einer Art Wechselrede auf den Nestor unter Europas musikalischen Förderern eine launige Laudatio, die mit freundlicher Erlaubnis der Autoren hier im Wortlaut abgedruckt, als Nachklang die «Notizen» über Paul Sacher abrunden soll.

Pierre Boulez:

«Nichts ist gefährlicher als Loblieder auf jemanden zu singen, der schon viele gehört hat. Es besteht die Gefahr, repetitiv zu sein – was, wie jeder weiss, nicht zu meinen Lieblingsoptionen gehört –: die Gefahr, langweilig und grabrednerisch zu sein, ist genausowenig meine Absicht, wie diejenige des Bärs in Jean de La Fontaines Fabel, mit dem Pflasterstein zu hantieren –; oder schlimmer, die Gefahr, sich völlig überflüssig zu fühlen – ein Gefühl, dem niemand gern ausgesetzt ist. Nachdem ich die verschiedenen Schwierigkeiten der Lobrede erkannt habe, könnte ich versuchen, dem Rat der Vox populi zu folgen: Wenn sie es nicht sagen können, singen sie es! Dies wäre jedoch noch weniger überzeugend, als man es sich vorstellen kann. Ich beschränke mich also auf das gesprochene Wort.

Und um was auszudrücken? Meine Bewunderung? Natürlich, aber was sonst... Bewunderung fühlt man instinktiv: aber man kann sie auch erklären, selbst wenn man rational nicht für alles eine Erklärung findet. Um Paul Sacher sofort zu situieren, muss man zuerst erwähnen, dass er mit der Welt der Schöpfung auf gleicher Ebene steht, weil er ein Musikpraktiker ist. Er kennt alle Aufführungsprobleme; denn er hat sich mit den ganz konkreten Interpretationsschwierigkeiten auseinandergesetzt.

Auf diese Weise entwickelte er ein feines Gespür für Schöpfung und Werke. Dieser Austausch mit der Welt der Schöpfung brachte ihn dazu, neue Werke in einem Rahmen hervorzurufen, in dem ihre Aufführung, ihre Übermittlung zur essentiellen Tat wurde. Im Zuge dieser Aufträge wuchs eine Art Anthologie heran, aus der einige Stücke zu Klassikern des 20. Jahrhunderts wurden. Wenige Interpreten schwangen sich zu diesem Niveau empor, auf dem der Name mit Meisterwerken verbunden bleibt. Um eine noch unvollständige Anthologie zu vervollkommnen, entstand der Gedanke, der Musik des 20. Jahrhunderts ein privilegiertes Asyl zu schaffen; dies führte zur Geburt der Sacher Stiftung, sicherer Zufluchtsort einer immer reichhaltigeren, kühnen Sammlung von Manuskripten: ein wirklich einzigartiges Phänomen, da es sich hierbei nicht nur um eine Art Schutzraum handelt, sondern um ein aktives, offenes Asyl, in das man kommen kann, um direkt die ‹Intentionen› des Autors, aber auch sein Irren, sein Suchen und manchmal – warum nicht – seine Gewissheiten zu studieren!

Was mich bei diesem Abenteuer fasziniert, ist nicht nur die Ansammlung der vollbrachten Dinge; es ist vielmehr noch die Beständigkeit seiner Aufmerksamkeit und Neugierde, sein Gefühl für Verwirklichung und Fortschritt. Uns erstaunt schon die physische Frische Paul Sachers; mich persönlich erstaunt jedoch noch bedeutend mehr seine intellektuelle Kraft, diese wahrscheinliche Unzufriedenheit mit dem Erreichten, um ein nie erreichtes, unablässig in Frage gestelltes Ziel immer weiter zu verfolgen. Ja, meine Bewunderung war zuerst durch Instinkt und Freundschaft bestimmt. Aber je mehr ich mir über Deine Tätigkeit klar werde, mein lieber Paul, desto mehr bewundere ich Dich. Mehr kann ich dazu nicht sagen, ohne dass es zu einer servilen Schmeichelei würde. Ich weiss, dass Du das nicht besonders magst. Zuviel Zucker verdirbt den Geschmack – und die Zähne. Ich bin lieber nüchtern, das ist gesünder und sag nur: Geh' weiter, wir sind mit Dir!»

Wolfgang Rihm:

«Es ist bequem, das Publikum zu schelten: es sei träge und naturgemäss dem Neuen feindlich. Träge scheinen mir eher jene Interpreten, die sich damit begnügen, unentwegt das Immergleiche zu präsentieren; meist mit der Begründung, das Publikum wünsche genau das. So kann man der Musik auch das Leben austreiben, man muss sie dazu nicht einmal falsch spielen. Paul Sacher setzt den Totengräbern den belebenden Interpretentypus entgegen: also nicht einen, der im milden Licht von Meisterwerken selbst erglimmt, sondern jenen, der das Feuer des schöpferischen Prozesses nach Kräften zu entfachen, zu nähren und dann auch zu schützen versteht.

Das deutsche Wort Sammlung ist mehrdeutig: es bezeichnet die Anhäufung von Objekten ebenso wie die Konzentration geistiger Energie. Wir können Dinge, aber auch uns selbst sammeln. Nicht nur Kunstwerke, auch die Künstler erhalten durch konzeptionelle sammlerische Energie eine Form von aussen, der sie innerlich gewachsen sein müssen. Sammlung ist stets Anspruch.

Die möglichen Einblicke in den schöpferischen Prozess eröffnen darüberhinaus Wahrheitspotentiale. Bei musikalischer Kunst, wo es eigentlich keine primären Objekte – keine Unikate – zu sammeln gibt, bergen die Vorformen, die Protokolle, die Zuflüsse und Umformungen die Wahrheit der geheimen Konsistenz der Werke. Paul Sachers Basler Manuskriptsammlung schenkt der Musik diese geheime Wahrheit zurück. Es ist beruhigend und erfrischend zugleich zu wissen: alles kann an den Tag kommen. Tief ins Gestein gebohrt ist das Archiv ein starkes Zeichen für die Notwendigkeit, hinabzusteigen zur Wahrheit der Texte. Vielleicht ist da ein See, und das Abenteuer unseres Tauchens lässt auch riskante Wahrheiten entdecken: etwa das nicht einschätzbare Ungenormte, das als Quelle vom Grund her die Künste speist, unabhängig davon, welche überschätzte Strömung die Oberfläche soeben bescheiden kräuselt.»

Paul Sacher

Aufsätze 1927–1991

Paul Sacher

Musik und Schule

(1927)

Durch das gesamte Musikleben unserer Zeit zieht sich eine trennende Kluft: auf der einen Seite die Zunft der Musiker, auf der anderen das Publikum.

In früheren Jahrhunderten lebte die Musik unter den Menschen gleichsam als zum täglichen Leben gehörend. In der Gotik verlangte das Volk nach Kunst; Kunst stand über ihm und man diente ihr, und im stärksten Gegensatz zu heute war im 16. und 17. Jahrhundert das Leben durchzogen von Musik.

Heute steht das Volk der Kunst fern. In der Musik wird nicht mehr Strenge, Grösse und Hingabe an die Kunst verlangt, nicht Erfüllung von Pflichten und Mitarbeit, dafür Anregung und Kunstgenuss, Erhitzung der Gemüter bis zum sinnlich-sentimentalen Kunstschwelgen und snobistisches Geniessen. Die Kulturlosigkeit unserer Kunstübung manifestiert sich am stärksten im *Konzertwesen*. Entsprechend der Verkennung des wirklichen Inhaltes der Musik macht sich auch allgemein eine Überschätzung der technischen Fertigkeiten breit. Künstler wird jeder geheissen, dessen glattes Können in Staunen setzt. Das Sensorium für Kunst und Künstler und damit die gerechte Einschätzung des Nur-Technisch-Virtuosen fehlen. Dem Publikum fehlt das Gefühl der inneren Verpflichtung gegenüber der Kunst, seine Stellung ist ehrfurchtslos, und deshalb auch ist ihm ein Anrecht auf Kritik abzusprechen. Musik sollte nicht, wie heute, nur die Angelegenheit einer *Zunft* von Ausübenden, sondern des *ganzen Volkes* sein. Musik ist nur für wenige noch ein über dem Menschen stehendes geistiges Geschehen, eine geistige Macht, in der ein Ruhepunkt gesucht wird, als in einer Welt des Geistes, die der Mensch mit seinem eigenen Sehnen und Streben durchdringt und empfängt als ein breites Gestaltetes, Objektives. *Kunst kann wie Religion Erlösung sein.* Solches Erlebnis ist nicht da. Man hat seit langem vieles versucht; aber «Volkskonzerte» und «Hebung der Programme» können keine Besserung ergeben.

Auch den produktiven Musikern fehlt die tiefe, gemeinschaftliche und traditionelle Verwurzelung. Die Komponisten sind gebunden in *romantisch-idealistischen Anschauungen.* Wo die *Stosskraft* im Werk fehlt, glaubt man sich im Hinblick auf seine überzeitliche Geltung trösten zu dürfen. Wir haben auch entsprechend der ganzen Lage – im Gegensatz zu den Zeiten grosser musikalischer Kultur – keinen Platz für die Tüchtigen, keinen Boden, auf dem gearbeitet werden kann, keinen Stil. Stil nicht als individuelle Methode oder zufällige Schreibart. Wir kennen keine Gebrauchsmusik, die allein die Bedingung schafft, in der auch der Nur-Tüchtige in handwerklicher Anonymität zu arbeiten vermöchte, wie etwa früher der Kantor für seine Kirche. Tanzmusik und die Musik der Jugendbewegung, wo Musik wirklich gebraucht wird, genügen als Tätigkeitsfeld der Schaffenden nicht.

Überall ertönt *der Ruf nach dem grossen Mann, nach dem Genie*. Und gewiss ist einzig das Genie im Stande, diese Lage zu überwinden. Was unterdessen aber getan werden kann als einzige Reform, kann nur durch die Erziehung, dadurch, dass sie sich ein neues Publikum, eine neue ehrfurchtsvolle musikalische Gemeinde schafft, geschehen.

Die Musik in der Schule hat teil an der allgemeinen künstlerischen Not; grotesk untergeordnet steht sie im Schulbetrieb in keinem Verhältnis zu ihrem inneren Wert. Die Musik wäre in unseren Erziehungsanstalten nicht als Fach und Ergänzungsunterricht aufzufassen. Höheres als Kenntnisse sollte vermittelt werden etwa im Sinne *Fritz Jöde's*, dem *Führer der deutschen Jugend-Musikbewegung*: «Musik ist Geborenes und will als solches nicht gekannt, gewusst und gekonnt sein, sondern will leben und gelebt werden.» Musik darf nicht lediglich zur Ausschmückung von Schulferien und dergleichen dienen. Das Leben in der Schule soll vielmehr *von Musik durchzogen* und so von ihr erfüllt sein, dass ihre bindenden Kräfte verspürt werden und ihr gemeinschaftsbildender Charakter der Schule dienen kann. Die Pflege der Musik darf sich nicht auf die musikalische Ausbildung in Form von Gesangsunterricht in den unteren Klassen beschränken. Aber an eine Reorganisation dieser Zustände ist in bestehenden Schulen kaum zu denken, denn einerseits fehlt es im Schulbetrieb ohnehin immer an Zeit, und andererseits bedürfte die Jugend eines Lehrers, der ihr begeisterter Freund und Führer wäre. Diese Herausfordernis zu erfüllen, fehlt es im allgeimeinen an richtigen musikalischen Erziehern und Führern. Und strenge Prüfungen für Lehrer werden da keine Besserung ergeben, denn die Gesinnung kann nicht zensiert werden.

Wer sich einen Begriff geben will, welch zentrale Stellung die Musik in der Schule einnehmen kann, lese das Buch von *Hilmar Höckner «Jugendmusik im Landerziehungsheim»* (Georg Kallmeyer Verlag, Wolfenbüttel 1926). Es ist klar, dass in Heimen, wie wir sie dort beschrieben finden, auch Kammermusik, Chorgesang, Musikgeschichte und Harmonielehre getrieben wird, dass musikalische Analysen und Fragen der Ästhetik behandelt werden, denn dies alles ist für ein tieferes Verständnis der Musik unumgänglich. Und nicht in unseren Schulen, nur in solchen Heimen ist ein von Musik durchzogenes Leben möglich, wo die höchste Aufgabe der Schule in der Erziehung und nicht in der Vermittlung von Kenntnissen und Wissen besteht; wo eine Bildung des Menschen zu einer Ganzheit angestrebt wird, dort, wo der Mensch nicht als Vorstufe zu bestimmten Berufen, als Gelehrter oder Techniker, sondern *nur als Mensch*, als Träger menschlicher, überpersönlicher Werte genommen wird.

Voraussetzung solcher Erziehung ist eine Welt der Werte, die im Menschen Wesen und Gestalt gewinnen. Dann hat die Musik eine führende, sogar die führende Stellung unter den Künsten dank ihrem gemeinschaftsbildenden, dank auch ihrem reproduktiven Charakter, in dem das Ringen des Einzelnen um den ewig gleichen objektiven Wertgehalt liegt. Wie weit es gelingt, ihn in sich zu erwecken, ihm Form und Gestalt zu geben, das entscheidet letztlich über den Wert des Einzelmenschen.

Die Arbeit in den vielerorts bestehenden *Schüler-Orchestern* steht gewöhnlich im Bann des Konzertlebens. Statt dass in solchen Musiziergemeinschaften eher eine vorbildliche und erweiterte *Hausmusik* eine Pflegestätte finden würde, treffen wir gewöhnlich nichts anderes als ein verkleinertes Abbild des grossen Konzerttreibens und eine Kopie der alten Dilettantenorchester im schlimmsten Sinne. Das sowohl in der Wahl des Stoffes, als auch in der Art des Übens.

Alles hängt in einem solchen Schülerorchester von der *Gesinnung* in der Arbeit ab. Die Musik darf den jungen Menschen nicht eingepaukt werden, das technische Beherrschen bedeutet keinen Gewinn, wenn nicht gleichzeitig das Wesen der Musik erfasst wird. Wenn aber die Arbeit in einem Schülerorchester aus dem richtigen Geist heraus getan wird, ermöglicht die Instrumentalpflege ein Gemeinschaftsmusizieren, bei dem der Einzelne nicht mit seinen Gaben herausragen muss. Und am besten schaffen wir auf diese Weise unter solchen Menschen, die in das Wesen der Musik einzudringen bemüht sind, ein neues Publikum, die *ersehnte musikalische Gemeinde.*

Von grosser Bedeutung in echten Musiziergemeinschaften ist die Wahl des Stoffes. Es sollen nicht Arrangements von Werken für grosses Orchester, sondern Werke eigenen Stils musiziert werden, anspruchsvolle Werke, anspruchsvolle Qualität, aber in technischen Schwierigkeiten nicht über das Können der Spieler hinausgehend. Vor allen Dingen seien die Bearbeitungen von Symphonien und Ouvertüren in Salonorchester-Besetzung verpönt. Wohl können auch hier höheres Streben und erzieherischer Wille beteiligt sein, trotzdem bleibt es ein Hineinzwängen der symphonisch-klanglichen (für andere Körperschaften bestimmten) Elemente in die Gegebenheiten der Schule. Es gilt, eine *bodenständig gewachsene* und eigenartige, dem Charakter des jugendlichen Lebens Rechnung tragende Musik in den Schülerorchestern einzuführen und zu pflegen, eine Musik, frei von aller falschen Romantik, nicht süss und weichlich, wohl aber herb und schön. Die Tätigkeit muss nach innen, statt nach aussen gerichtet sein, dann bedeutet das Schulorchester für den einzelnen Spieler und für die Schulgemeinschaft Gewinn. Statt der unwürdigen Arbeit an Füllstimmen solcher Arrangements tritt ein nach aussen bescheidener Dienst, aber eine grössere, sinn- und verantwortungsvollere musikalische Ausgabe.

Es sollen also kammermusikalische, technisch leichte Originalwerke für Streichorchester bei sparsamer Verwendung der wichtigsten Bläser, wenn solche vorhanden sind, gespielt werden. Eine reiche Fülle solcher Werke finden wir vom beginnenden 16. Jahrhundert an, im 17. und 18. bis hinauf zu Mozart. Hier aus der Fülle einige wahllos aufgezählte Namen: Isaac, Corelli, dall'Abaco, Purcell, Fux, Hasse, Pergolesi, Bach, Händel, Schein, Hassler, Schütz, Franck, Scheidt, Stamitz, Rosenmüller, Krieger, Geminiani, Locatelli, Manfredini …

Leider gibt es aus neuerer und neuester Zeit beinahe keine Werke in diesem Sinn. Es sind mir nur die Werke von *August Halm* bekannt, die er als Lehrer im *Landerziehungsheim Wickersdorf* zum Teil für dessen Bedürfnisse schrieb. Eben in diesem Jahr hat nun eine Publikation begonnen, die das Schaffen neuzeitlicher repräsentativer Komponisten der Jugend nahe bringen will, und wir besitzen von *Paul Hindemith* bereits ein ganzes Schulwerk zur Einführung in den Geist neuer Musik.

Wenn es einem Schülerorchester gelingt, in diesem Sinne zu arbeiten und zur musikalischen Kulturgemeinschaft zu werden, was auch durch Zusammenschluss Einzelner innerhalb jeder Schule möglich ist, dann ist nicht nur der Musik gedient, es wird auch jeder Spieler grossen Gewinn haben. Dann wird wohl auch kein Musiker ein öffentliches Auftreten, unter anderen Bedingungen stehend, nicht mehr von zentraler Wichtigkeit, als eine Nachahmung des üblichen Konzertwesens verurteilen.

…

Paul Sacher

Kunst und Krise

Gedanken zur Musikorganisation

(1935)

Um den beiden Worten des Themas ihren eindeutigen Sinn zu geben, sei vorausgeschickt, dass ich insbesondere über Musik schreiben will, wenngleich einige Gedanken vielleicht auch auf andere Gebiete der Kunst Anwendung finden können.

Dass die Krise nicht nur eine wirtschaftliche und materielle, sondern auch eine geistige ist, brauche ich kaum zu beweisen. Gerade die geistige Not kann nicht leicht überschätzt werden. Sie erschöpft sich keineswegs etwa in der heutigen Problematik der modernen Kunst oder Wissenschaft, sondern greift tief in alle religiösen und sozialen Bezirke ein. Unsere Lebensordnung ruht noch immer auf den Grundlagen des 19. Jahrhunderts, obwohl sich nahezu alle geistigen und materiellen Voraussetzungen verändert haben. Die äusserst schwierigen Zustände auf allen Lebensgebieten verstehen wir richtiger, wenn wir uns nicht damit begnügen, sie als Unterbruch einer verflossenen und bald wieder zu erwartenden Blütezeit zu erklären, sondern wenn wir die Krise als einen Zustand begreifen, dessen Dauer unabsehbar und dessen Veränderung nicht vorauszusagen ist. Das Wunschbild einer baldigen günstigen Wendung ist trügerisch. Wohl fühlt nicht jeder im selben Masse die geistige Krise, aber alle erleiden, mehr oder weniger, ihre materiellen Folgen. Da alle Kunstübung gewisser materieller Grundlagen bedarf und z.B. das Musizieren immer mehr Geld gekostet als eingetragen hat, ist der Zusammenhang der beiden Begriffe unseres Themas wohl ohne weiteres verständlich.

Dass einige Komponisten und Virtuosen durch ihre Arbeit mehr als das Lebensnotwendige verdienen, ist selten. Den wenigen Ausnahmen steht die grosse Mehrheit derer gegenüber, die an ihrer Kunst «verhungern». Das war immer so, und es ist noch gar nicht so lange her, dass ein Musiker überhaupt die Möglichkeit hatte, reich zu werden. Wenn wir von den ritterlichen Dichtern und Sängern, den Troubadours und Trouvères absehen und einige glänzende Namen des 15. bis 17. Jahrhunderts, Isaac, Josquin, Hofhaimer, Senfl, Lasso, Monteverdi, Schütz und Lully, aufzählen, so wissen wir, dass nur wenige dieser Grossen, etwa am Mediceerhof, im Kreise Maximilians oder des Sonnenkönigs, zu einer ihrer geistigen Bedeutung entsprechenden Stellung gelangten.

Händel war unter den Komponisten vielleicht der erste, dem die Denkart der kultivierten englischen Aristokratie des 18. Jahrhunderts den Weg zu freieren Lebensformen erschloss. Aber auch er brachte es zu keinem nennenswerten Reichtum. Bach lebte in der gleichen Epoche als bescheiden bezahlter Kirchenmusiker. Erst Beethoven und der durch ihn und die Romantik geschaffene Typus des freien Künstlers fanden die Grundlagen, die es einem Richard Wagner, dessen diplomatisches Geschick seiner musikalischen Bedeutung allerdings in nichts nachstand, ermöglichten, die kühnsten Träume zu verwirklichen. Moderne Komponisten brauchten den Golddollar der amerikanischen Prosperity, um ihre Honorare zu erzielen. Andere erreichten die letzte Stufe gar erst, als ihre Opern von Staats wegen in Serien über alle Bühnen gingen.

Noch jüngeren Datums sind die ausübenden Künstler, die mit ihrer Arbeit Reichtümer sammeln. Die Anfänge der Virtuosenzeit liegen keine 150 Jahr zurück, wenngleich es natürlich schon immer Meister des Gesanges und des Instrumentes gab. Aber sie wirkten im örtlich beschränkten Kreise und hatten nicht die Möglichkeit, heute in London und morgen in Paris zu konzertieren. Auch fehlten noch die grossen Konzertsäle. Mozart, Paganini und Liszt trafen selten zahlreiche Auditorien an. Die Lust, zu Tausenden vor Gigli oder Tauber hingegossen einem italienischen Schmachtlappen oder dem «Land des Lächelns» zu lauschen, blieb der Gegenwart und uns vorbehalten, wenngleich es schon vor Jahrzehnten Josua Barnum, der amerikanische Kuriositätenaussteller und Begründer des modernen Zirkus, verstanden hat, für die nordische Nachtigall *Jenny Lind* Unmassen von Zuhörern anzulocken. Amerika hat also auch hier, wie in so vielen Fragen des «menschlichen Fortschrittes», bahnbrechend gewirkt! Es bleibt nur merkwürdig, dass nicht selten die weniger wertvollen Künstler zu Grossverdienern werden und dass oft den minderwertigen, ausserhalb der wahrhaftigen Kunst stehenden Schöpfungen ein bedeutender materieller Erfolg beschieden ist.

Wenn wir also von Ausnahmen absehen und nach dem Wort «Kunst geht betteln» untersuchen, wovon der Künstler und die Kunstübung leben, so beobachten wir durch die Jahrhunderte eine Wandlung. Einzig die Tatsache, dass alle künstlerische Tätigkeit nicht aus selbsterworbenen Mitteln existieren kann, besteht unverändert! In frühester Zeit, im Mittelalter, steht die Kunst ganz im Dienste der Kirche und der Minne, der geistlichen oder weltlichen Machthaber. Die Beschäftigung mit ihr ist ein Vorrecht des Klerus und des Adels. Hohe Herren, eine sozial und machtpolitisch saturierte Elite befiehlt Werke, erfreut und bereichert sich geistig an ihrem Besitz. Wohl lebt der Kirchenmusiker des Mittelalters das geruhsame und sorgenfreie Dasein eines Mönches, und auch die Fürsten und Reichen der Renaissance beherbergen zur Erhöhung ihrer Prachtentfaltung bedeutende Musiker, aber im ganzen ist der Künstler Angestellter und Diener der herrschenden Kaste. Der Absolutismus vor allem weist den Künstler zurück in die Rolle des Dienenden, nachdem für kurze Zeit die Freizügigkeit des Maximilianischen Zeitalters einigen Bevorzugten grössere Freiheit und Anerkennung gewährt hatte. Hervorragende Musiker, die Scheidung in produzierende und reproduzierende ist bis zum 19. Jahrhundert nicht üblich, wechseln häufig ihr Arbeitsfeld und stillen in bewegtem Wanderleben ihren Freiheitsdurst. So sind Komponisten, Kapellmeister, Chor- und Orchestermusiker oft zu anderen Dienstleistungen herangezogen worden. Die unwürdige Behandlung Mozarts und die tragischen Umstände seines Lebens bedeuten vielleicht den Höhepunkt in diesem traurigen Kapitel aus der Geschichte der Künstler.

Das Aufkommen des Bürgerstandes und die Mitglieder des späteren Adels entwickeln dann das Prinzip des *Mäzenatentums* im modernsten Sinne, wo nicht jeder sich seine Oper leisten, aber auch die Unterstützung einiger wohlhabender Familien eine Stadt ihr Theater durchbringen kann. Auch viele, zum Teil heute noch bestehende Gesellschaften, das Gewandhaus in Leipzig u.a.m., wurden damals gegründet. Währenddem die Zuhörer sich früher aus den Gästen einer Fürstlichkeit zusammensetzten, spielt von da an das Publikum eine Rolle als Eintritt entrichtende Vielheit von Musikfreunden. Endlich werden die Konzertinstitute des letzten Jahrhunderts ins Leben gerufen. Neben einigen Mäzenen schliessen sich Hunderte von Mitgliedern mit bescheidenen Beiträgen zusammen, damit ihre Anteilnahme beweisend und gleichzeitig einen Teil der Unkosten zusammensteuernd. So kommen wir immer näher zur Gegenwart. Der Staat beginnt, seine Zuschüsse an wichtige Gesellschaften zu leisten, anfänglich gewissermassen als Nachahmer königlicher Gewohnheiten, später in der heute bekannten Form der Subventionen, als Lückenbüsser für nicht mehr vorhandene Mäzene. Einen Schritt weiter geht der Staat in kommunistisch und faschistisch, d.h. diktatorisch geführten Ländern, wo er selber als Hauptträger die künstlerischen Dinge leitet und der Privatinitiative keinen Spielraum mehr lässt. Da hängt denn alles davon ab, ob zufälligerweise fähige Leute an den ausschlaggebenden Stellen sitzen. Wo das nicht der Fall ist, hat die Kunst ausgelebt.

Heute bestehen eigentlich alle diese Formen, wie wir sie im Laufe der Zeiten verfolgt haben, nebeneinander. Von Mr. John Christie, dem reichen Engländer, der sich in Glyndebourne das herrlichste Mozarttheater hält, als einem beneidenswerten Überrest aus der Feudalzeit, bis zum staatlich befohlenen Musikbetrieb Sowjetrusslands, von Mrs. Rockseth, der musikbesessenen Amerikanerin, die für Komponisten durch Aufträge mehr Geld ausgibt als irgendwer in der Welt, über das von einigen Familien gehegte «Musikkollegium Winterthur» bis zum korporationenmässig organisierten Pariser Sinfonieorchester, sind neben allen alten Formen der Musikpflege ungezählte neue Gebilde in verwirrender Fülle anzutreffen.

Nur wer die tieferen Zusammenhänge im Kunstleben nicht sieht, wird Fragen der Musikorganisation und Kunstpolitik gering achten. Musikorganisation ist das halbe künstlerische Leben, und die Kunstansicht, die führende Köpfe vertreten, entscheidet über das Schicksal von Kunstwerken, wenn nicht für alle Zeiten, so doch für die Gegenwart, d.h. für die Lebenszeit ihrer Schöpfer.

Wir wollen unsere Zeit nicht mit andern Leidensperioden europäischer Geschichte vergleichen. Jede drängende Entwicklung, alle Geburtswehen naher Zeitwenden haben sich schmerzenreich und aufrüttelnd angezeigt. Dem geistigen Schaffen waren Erschütterungen niemals feind! Einem bewegten Herzen und aufgewühlten Geist entspringen Werke, die zutiefst andere anrühren und zu bewegen vermögen. Solange leidende und empfindende Menschen leben, dauert der Wille zur Kunst. Kunst entsteht nicht allein aus überschäumendem Lebensgefühl, sondern als Ausdruck tiefster Sehnsucht. Jedes Kunstwerk enthält den Willen zur Überwindung menschlicher Unvollkommenheit. So wie Kunst nicht einfach im Sinne des «l'art pour l'art» zum Überfluss an Lebenskomfort gehört, so wird auch niemals der Snob, sondern immer nur der Besessene der Kunst wirklich dienen, wenngleich ihr – dies sei in Klammern beigefügt – der Snob nützlicher ist als das Heer der Gleichgültigen.

Anders als mit den schöpferischen Kräften steht es um die Musikorganisation und das Musikleben der Gegenwart. Sie sind heute ebensosehr fremdem Zugriff wie eigenen Unzulänglichkeiten ausgesetzt. Ihr äusseres Schicksal wird von politischen und wirtschaftlichen Faktoren entscheidend mitbestimmt. Ihre Zukunft ist gefährdet.

In Politik und Wirtschaft bleiben die Mittel immer dieselben. Sie sind gemein und streben nach Macht. Sie werden geadelt, wenn sie im Dienste eines überlegenen Geistes stehen. Sie zerstören, wo sie um ihrer selbst willen oder zur Befriedigung persönlichen Ehrgeizes da sind.

Über das innere Schicksal des Menschen entscheiden keine äusseren Mächte. Die Künste als Demonstration des Geistes, als geheimnisvolle Mittler geistig-seelischer Werte, und ihre Schöpfer sind in diesem tieferen Sinne die wahren Führer der Menschheit.

Gegen die äusseren Feinde der materiellen Verarmung, der einsichtslosen Gewalt und gegen die menschlichen Schwächen des Unverständnisses und der Gleichgültigkeit vermögen wir nichts. Wo aber liegen die Untugenden, gegen die wir aufzutreten das Recht und die Pflicht haben? Warum zwingt uns tiefere Einsicht zur Stellungnahme und ruft zu kämpferischer Haltung auf?

Mit dieser Frage stellen wir uns mitten in die Probleme unserer Arbeit und des Musikbetriebes, wie wir ihn alle kennen.

Da begegnen wir dem Starwesen und den Virtuosenabenden, wie sie die Grossstadt geschaffen hat, dem Personenkult des im schlechten Sinne romantischen Künstlers, wo das Programm nur als Mittel zum Zweck, zur Aufzeigung virtuoser Fertigkeit und zum Ausleben von Persönlichkeitsgelüsten dient, wo nur das Wie und nicht das Was des Dargestellten zählt. Gleichzeitig treffen wir mancherorts aber auch systematische Kunstpflege, Unterordnung der Programme unter einen geistigen Plan. Jedes ernstzunehmende Kunstinstitut und jeder vollwertige Künstler hat die Mission, sich zum geistigen Gut, das seinen Mitteln entspricht, zu bekennen. Damit wird der Wille zur Tat in die vorderste Linie und der Wunsch nach Erfolg zurückgestellt.

Hier erhebt sich die Frage nach der Wertigkeit der künstlerischen Leistung. Ich gehöre nicht zu jenen, die der guten Absicht, dem Wollen den Vorzug vor dem Können und Vollbringen geben. Ich spreche sogar denen, die mit unzulänglichen Mitteln eine gute Sache verteidigen, jeden Wert ihrer Bemühungen ab. Eine Aufführung ist z.B. niemals gut, nur weil sie stilecht ist. Ebensowenig ist das Ausmass der künstlerischen Potenz allein massgebend. Denn Vollkommenheit wird nur erreicht, wo die Echtheit des Stils und die Kraft der legitimen nachschaffenden Persönlichkeit zusammenfallen. Die subjektiv künstlerische Gewalt des Reproduzierenden soll dienend den Komponisten sprechen lassen und nicht das Werk zum Vorwand der Selbstdarstellung missbrauchen.

Wir erleben heute noch immer Verstösse gegen die elementarsten Stilgesetze, sei es, dass ein Pianist zarte Cembalokunst zur lärmigen Klaviermusik, oder ein Dirigent stille Kammermusik des 17. Jahrhunderts in grossorchestralen Espressivostil willkürlich umdeutet. Selbst im Bereich der klanglichen Proportionen, wo das mangelnde Wissen um Stilgesetze vom künstlerisch kritischen Ohr ersetzt werden könnte, stört das offensichtliche Missverhältnis beispielsweise eines einzigen Cembalos zum Continuospiel im grossen Orchester- und Chorapparat manche Musiker nicht. Die Verwendung des Flügels oder gar des mit Reissnägeln versehenen Klaviers als Generalbassinstrument wollen wir mit Stillschweigen übergehen. Auch gegen die chorische Besetzung solistischer Musik wollen wir uns nicht ereifern. Solche Methoden verlegen die innere Grösse dieser an sich wahrhaft grossartigen Musik ins Äusserliche, Massenmässige. Sie werden aber immer nur vereinzelt vorkommen. Das Geheimnis der «alten Musik» liegt ja gerade darin, dass die grössten inneren Spannungen, die erschütterndsten Empfindungen mit den diskretesten klanglichen Mitteln und in der unerhörten Zucht eines strengen Stils ausgedrückt werden. Jeder Musiker, der sich mit ihr beschäftigt, hat die grosse Verpflichtung, dieser Kunst nicht nur mit aller Liebe und der möglichsten künstlerischen Lebendigkeit entgegenzutreten, sondern ihr auch den Klang zu geben, den ihre Schöpfer als Idealvorstellung in sich trugen. Stil ist nicht eine wissenschaftliche oder gar philologische Angelegenheit, sondern Wesensbestandteil aller Kunst. Die Kunst der Wiedergabe und des Anhörens alter Musik liegt in den Anfängen!

Wenn wir nun unsere Aufmerksamkeit der Musikorganisation unseres kleinen Landes zuwenden, so erheben sich auch auf diesem Gebiet schwierige Probleme. Die Schweiz ist stolz darauf, durch alle Zeiten der Hort emigrierter Ausländer gewesen zu sein. Unsere Gastfreundschaft soll, so wollen es Gesinnung und Gesetz, weiterhin Heimatlose vor einem elenden Flüchtlingsschicksal bewahren. Für uns drängt sich nur die nahezu unlösliche Frage auf, wie die einheimischen Künstler, die schon durch ehemals im Ausland tätige und zur Heimkehr veranlasste Kollegen zu zahlreich geworden sind, vor der ihnen daraus erwachsenden Konkurrenz geschützt werden können. Auch die Einbürgerung wird ja von Ausländern leider häufig nicht aus idealen Gründen erworben, und es ist für die Entwicklung unserer Kunstpflege nicht ohne weiteres von Gutem, wenn sie unter den Einfluss von Fremden gerät. Wohl bringen neue Geister Anregung und frisches Leben mit sich, aber es besteht auch die Gefahr, dass sie die besonderen Bedingungen unserer kleinen Verhältnisse nicht verstehen und würdigen können, da sie andere Massstäbe gewohnt sind. Dass selbst solche Refugianten die schweizerische Nationalität anstreben, die, unverfolgt, das schweizerische Musikleben mit dem Alphorn und Jodel identifizieren und sich nur aus opportunistischen Gründen auf unser Weltbild umstellen, sollte allerdings von unsern Behörden mit einer entsprechenden Haltung beglichen werden. Auf alle Fälle würde allen denen, die den Vorzug unserer freiheitlichen Einrichtungen und das Glück der vom Staate gewährleisteten persönlichen Autonomie geniessen, eine gewisse Zurückhaltung anstehen. Dann würde auch vermieden, dass gelegentliche private Konzertveranstalter unser nicht allzu zahlreiches Publikum zu mehr Konzerten beanspruchen, als die alteingesessenen Kunstinstitute. Es ist bei der schweizerischen Mentalität selbstverständlich, dass das Publikum dem Neuen und Fremden folgt, erst recht, wenn es künstlerisch auf hoher

Stufe steht, aber es kann durch solche Zustände dennoch die stetige natürliche Entwicklung, und damit die Grundlage unseres Musiklebens, ungünstig beeinflusst werden. Hier liegt ein dankbares Tätigkeitsfeld für unsere Konzertagenturen, die regulativ eingreifen und der Entwicklung förderlich sein könnten.

Diese Fragen der Musikorganisation verdienen heute die stärkste Beachtung aller um das Schicksal der Kunst bewegten Geister. Ganz besonders im engen Lebensraum der Schweiz, wo es gilt, die vorhandenen, beschränkten Mittel sinnvoll zu verwerten, die Liebe und den Willen zur Kunst zu bewahren und zu steigern und die Forderungen der Stunde zu erfüllen. Die Kunstpflege verlangt heute grössere Anstrengungen und entschlosseneren Einsatz als in gesicherten Zeiten.

Wer Kunst will trotz Krise, muss opfern. Wo Kunst um Hilfe bittet, liegt nicht eine ungebührliche Forderung vor, sondern die Erfüllung eines natürlichen Gesetzes. Der gebildete Mensch hat immer für seine Kunstliebe materielle Mittel einsetzen müssen! Kunst kann sich kompromisslos heute weniger denn je selber erhalten.

Wie schwere Zeiten den Einzelnen zur Sammlung und stillen Einkehr zwingen, so erhöhen sie, in bezug auf die Gesamtheit, das Bedürfnis nach geistiger Nahrung und die Bereitschaft, dafür zu opfern. Diese Gewissheit erfüllt uns mit Zuversicht, wie auch die Erkenntnis, dass Kunst letzten Endes die Angelegenheit einer Elite ist. Der künstlerische Gedanke erlebt seinen Durchbruch immer im kleinen Kreise, auch wenn seine Auswirkung später die Massen ergreift. Die wesentlichen und in die Zukunft weisenden Taten vollbringt jene Elite des Geistes, die ihre Kraft zum Kampfe um ihr Ziel aus dem Bewusstsein bezieht, etwas Notwendiges zu tun. Möge es auch immer gelingen, die unerlässlichen materiellen Grundlagen zu schaffen, auf denen allein sich das geistige Gebäude der Kunstpflege aufbauen lässt.

Paul Sacher

Béla Bartók zum Gedächtnis

(1945)

Der Komponist, Pianist und Forscher Béla Bartók war einer der wenigen grossen Musiker unserer Zeit. Dieser gefeierte ungarische Komponist hat sein Brot als Klavierlehrer verdient, und den grössten Teil seiner Kraft dem Sammeln und Sichten von Volksliedern und -tänzen geopfert. Im Oktober 1938 schrieb er über diese äusserst komplizierte Tätigkeit: «Ich arbeite fast täglich 10 Stunden, ausschliesslich mit Volksmusikmaterial; sollte aber 20 Stunden arbeiten, um einigermassen weiterzukommen. Peinliche Lage – ich möchte so gerne die Arbeit vor der neuen in der Luft schwebenden Weltkatastrophe beenden. Und bei diesem Tempo dauert es noch einige Jahre!» Bartóks ausserordentliche wissenschaftliche Leistung ist meines Wissens von keiner europäischen Universität mit der Verleihung der Ehrendoktorwürde ausgezeichnet worden! Dagegen wurde ihm diese Anerkennung vor wenigen Jahren durch die Columbia University zuteil, an der er während seines Aufenthaltes in den USA gelehrt hatte. Seine Sammlung von mehreren tausend Melodien, die er auf Reisen in Ungarn, Rumänien, der Slowakei, Ukraine, in Kleinasien und Nordafrika zusammengetragen und erforscht hat, und das darüber geplante abschliessende Werk haben bisher noch keinen Verleger gefunden. Zum Komponieren diente Bartók die Freizeit. Fast alle Werke sind in Ferienaufenthalten, oft in der Schweiz, entstanden. Eine wahrhaft unwahrscheinlich anmutende Tatsache, angesichts der Bedeutung von Bartóks musikalischem Schaffen!

Wer Bartók begegnete, im Gedanken an die rhythmische Urkraft seiner Werke, war von der schmalen, zarten Gestalt überrascht. Er hatte die äussere Erscheinung eines feinnervigen Gelehrten. Der von fanatischem Willen und unbarmherziger Strenge besessene und von einem glühenden Herzen getriebene Mensch wirkte unnahbar und war von zurückhaltender Höflichkeit. Sein Wesen atmete Licht und Helligkeit. Seine Augen leuchteten mit herrlichem Feuer. In den Strahlen seines forschenden Blickes hatte nichts Unwahres oder Unklares Bestand. Wenn etwa beim Musizieren eine besonders gewagte und schwierige Stelle gut gelang, lachte er knabenhaft übermütig, und wenn er sich über das glückliche Vollbringen einer Aufgabe freute, strahlte er förmlich. Das bedeutete mehr als unverbindliche Komplimente, die ich aus seinem Munde nie vernommen habe.

Béla Bartók, als 26jähriger in seiner Budapester Wohnung beim Spiel der Nyenyere (Drehleier). Die Möbel stammen vom Volkskunstschreiner Székely aus Transsylvanien. Foto G.D. Hackett

Bartóks Genauigkeit war erstaunlich. Er trug immer ein Metronom auf sich und kontrollierte damit die Tempi, auch wenn er selber spielte. Seine Partituren enthalten bei jedem Satz, oft nach gewissen Abschnitten innerhalb des Satzes, die Aufführungsdauer in Minuten und Sekungen angegeben. Als ich mich einmal auf dem Briefumschlag in der Hausnummer geirrt hatte, bemerkte er im nächsten Brief: «Bitte korrigieren Sie die Hausnummer in 29 (statt 27)»! Seine leidenschaftliche Sachlichkeit durchdrang alles. Er war selber bis ins Letzte klar und forderte von jedem das Äusserste an differenzierter Präzision. Dabei zeigte er bei den Proben grosse Geduld und war nie beleidigt oder verletzt, wenn die Verwirklichung seiner Absichten nicht mühelos vonstatten ging. Anlässlich der Uraufführung der «Sonate für zwei Klaviere und Schlagzeug» hatte mich Bartók aufgefordert, bei den Proben und eventuell auch im Konzert zu dirigieren. Dies erwies sich aber dann als überflüssig, da nicht nur Bartók und seine Gattin die beiden Klavier-Parte tadellos beherrschten, sondern weil auch die Schlagzeugspieler Fritz Schiesser und Philipp Rühlig ihre Aufgabe meisterhaft und zur vollen Zufriedenheit des Komponisten lösten. In diesen Proben legte Bartók Zeugnis ab von echter Bescheidenheit. Er unterzog sich mit grösster Selbstverständlichkeit allen mühevollen Erfordernissen der Arbeit und behandelte die beiden mitwirkenden Orchestermusiker trotz der ihm eigenen stolzen Zurückhaltung mit echter Kollegialität.

Was Bartók mit Basel besonders verbindet, sind die Werke, die er für unsere Stadt geschrieben hat. Im Juni 1936 übernahm er den Auftrag zu einem Werk für das Konzert zur Feier des zehnjährigen Bestehens des Basler Kammerorchesters. Wir konnten damals noch nicht wissen, dass uns ein wahres Meisterwerk geschenkt würde. Die «Musik für Saiteninstrumente, Schlagzeug und Celesta» gilt seit ihrer Uraufführung am 21. Januar 1937 als eine der grossartigsten Schöpfungen Bartóks. Im Frühjahr 1939 erklärte er sich wiederum bereit, ein Stück für das BKO zu komponieren, das «Divertimento für Streichorchester». Es entstand im Sommer des gleichen Jahres in Saanen und wurde am 11. Juni 1940 uraufgeführt. Zwischendurch, im Mai 1937, akzeptierte Bartók eine Bestellung der Basler Ortsgruppe der IGNM: die «Sonate für zwei Klaviere und Schlagzeug» wurde am 16. Januar 1938 anlässlich des zehnjährigen Bestehens der Ortsgruppe zum erstenmal gespielt. Diese Werke aus der reifsten Schaffenszeit haben sich seither die Konzertsäle der Welt erobert. Bartók hat die Aufführungen seiner Kompositionen in Basel gehört und auch sonst häufig hier geweilt. Er hat 1929 zusammen mit Ilona Durigo und Stefi Geyer in einem seinem Schaffen gewidmeten Konzert der IGNM mitgewirkt, 1935 mit dem BKO sein zweites Klavierkonzert gespielt und 1938 in Vorträgen über seine Forschungsergebnisse berichtet.

1940 entschloss sich Béla Bartók nach Amerika auszuwandern. Die Mächte, die sich seit 1933 anschickten, Europa und die Welt zu erobern, waren seinem Geist im tiefsten zuwider, und er fühlte sich von ihnen bedroht. Schon 1937 schrieb er: «Die Verhältnisse werden immer schwieriger und schwieriger, sind wirklich schon kaum zu ertragen», und Anfang 1940: «Ich habe sehr traurige Weihnachten gehabt, da meine Mutter einige Tage vorher gestorben ist.» Der Tod der Mutter, mit der er ganz besonders eng verbunden war, mag den Entschluss, seine Heimat zu verlassen, schliesslich erleichtert haben. Bartók ist in der Emigration gestorben und hat sein Schicksal schon beim Verlassen unseres Kontinents geahnt. Sein letzter Gruss aus Genf, das er über Jugoslawien und Italien erreicht hatte, lautete: «Wir sind hier aus den unheilvollen Ländern glücklich angekommen, haben von Frau Stefi Geyer alles Nötige erhalten und fahren morgen früh durch das unglückliche Land weiter. Vielleicht gehen wir ins Ungewisse, aber wir können nicht anders. Auf wie lange? Weiss Gott. – Ich danke Ihnen und Ihrer Frau Gemahlin für Ihre Freundschaft und für alles Schöne, das Sie uns gegeben haben; wünsche Ihnen für die Zukunft – ja was soll ich Ihnen wünschen: dass Ihr Land von der Niedertrampelung beschützt bleibe!»

Bartóks Schöpferkraft scheint in der Fremde, wo er auch schwer erkrankte, nachgelassen zu haben. Fast alle Werke, die seither von sich reden machen, sind noch in Europa entstanden: die Sammlung von 153 Klavierstücken «Mikrokosmos», das für Zoltán Székely geschriebene Violinkonzert (1938 in Amsterdam uraufgeführt), die auf Bestellung des Geigers Josef Szigeti und des amerikanischen «Swing»-Bläsers Benny Goodman komponierten «Contrasts» für Klarinette, Violine und Klavier (1938) und das 1939 in Saanen begonnene und im selben Jahr in Budapest beendete Sechste Streichquartett. Einzig die Menuhin zugedachte Solosonate und ein von Koussewitzky für das Boston Symphony Orchestra in Auftrag gegebenes «Konzert für Orchester» stammen aus der Zeit des Exils. Die beiden letzten Kompositionen sind 1944 in den Vereinigten Staaten zum erstenmal gespielt worden und bei uns noch unbekannt.

Ich schreibe diese Zeilen im Châlet, in dem Bartók den Sommer 1939 zugebracht hat. Als ich den Komponisten bei Ausbruch des Krieges im stillen Bergtal eilig aufsuchte, fand ich ihn völlig ahnungslos, in seine Arbeit versunken. Die Kunde von den politischen Vorgängen, die so grausam in sein Leben eingreifen sollten, war nicht zu ihm gedrungen. Nun sind sein kristallklarer Verstand, sein reines Herz und sein prometheischer Geist zur Ruhe gekommen.

Saanen, im Oktober 1945.

Paul Sacher

Zum 70. Geburtstag von Igor Strawinsky

(1952)

Als ich Igor Strawinsky im Herbst 1949 in seinem Heim in Hollywood besuchte, wurde ich mit der herzlichen Liebenswürdigkeit empfangen, wie sie nur ein russischer Weltmann zu entfalten vermag, und fand ihn bei bester Gesundheit. Das sonnige Klima Kaliforniens, in dem er sich sehr wohlfühlt, ist seiner zarten Konstitution besonders zugänglich. Er zählt die in Amerika verbrachten Jahre zu seinen fruchtbarsten Lebensperioden und betrachtet diese Zeitspanne als eine der ergiebigsten und bedeutungsvollsten für sein kompositorisches Schaffen.

Strawinsky, der in den ersten Jahrzehnten dieses Jahrhunderts als Revolutionär in das Musikleben eingegriffen hat, wird heute von den Anhängern Schönbergs, die im Zwölftonsystem das alleinseligmachende Mittel und den «Fortschritt» schlechthin sehen, als Vertreter der «Restauration» bezeichnet. Sie versuchen mit Hilfe ästhetischer, soziologischer und politischer Argumente nachzuweisen, dass Strawinsky, zusammen mit Bartók, Hindemith, Honegger u.a., der Hüter der Tradition, der Schöpfer des «bürgerlichen» Kunstwerks sei. Obwohl solche Auseinandersetzungen kaum über den engsten Kreis der Fachleute hinausdringen, übersehen die Bannerträger der dodekaphonistischen Heilslehre, wie sehr ihr blinder Eifer dem Vermächtnis Arnold Schönbergs schaden kann. Ein Frühwerk dieses Meisters wird dem Hörer auch durch die Definition als «psychoanalytisches Traumprotokoll» kaum nähergebracht. Für den schöpferischen Rang eines Kunstwerkes ist es belanglos, nach welchen theoretischen Regeln sein Urheber verfahren ist. Ausschlaggebend ist allein die Kraft der Aussage, die Echtheit und Grösse des Werkes.

«Le Sacre du Printemps», «Les Noces», «L'Histoire du Soldat» und andere Kompositionen Strawinskys sind Marksteine in der Geschichte der neuen Musik. Sie wirken heute nicht weniger elementar als bei ihrem Erscheinen und haben den musikalischen Stil unserer Epoche in entscheidender Weise mitgeprägt. Strawinskys Tonsprache hat in der zeitgenössischen Musik wohl die breiteste und zugleich tiefste Wirkung hervorgerufen. Ich gestehe, dass ich die sogenannte neoklassizistische Periode, in der er dem Kult des Schönen huldigt, nicht weniger bewundere. Auch darin beschwört dieser mit einer blendenden Ratio begabte

Magier das Unheimliche, Hintergründige und an letzte Dinge Rührende in meisterhaft gebändigter Form. Wie bei allen grossen Geistern erkennt man in seiner Entwicklung eine zwingende Folgerichtigkeit. Am ergreifendsten ist er in seinen geistlichen Werken, wo der mächtige Zauberer, der über ein denkbar vollkommenes Handwerk und eine einzigartige Präzision der Formulierung verfügt, als demütiger Mensch zerknirscht vor seinem Gott steht.

Paul Sacher

Ein Basler in Zürich

Das Collegium Musicum Zürich

(1982)

174 Im Jahr 1944 trug mir Regierungsrat Dr. Robert Briner die Leitung des Zürcher Konservatoriums an und stellte mir auch eine regelmässige Mitarbeit in der Tonhalle-Gesellschaft in Aussicht.

1957 baten mich der Zürcher Studiodirektor und Rolf Liebermann, der Leiter der Orchesterabteilung, das Amt des Chefdirigenten des «Radio-Orchesters Beromünster» zu übernehmen.

Besonders ehrenvoll war die zweimal erfolgte Aufforderung der Eidgenössischen Technischen Hochschule, den Lehrauftrag für Vorlesungen über Musik anzunehmen, 1958 durch Jean-Rodolphe von Salis und zehn Jahre später durch Guido Calgari, zwei Professoren der ETH, mit denen ich früher gleichzeitig dem Stiftungsrat der Pro Helvetia angehörte.

Ich musste diese interessanten und attraktiven Angebote zu meinem Bedauern ausschlagen, weil ich meine Arbeit in Basel fortführen wollte. Seit 1926 war ich durch den Aufbau des Basler Kammerorchesters und des Basler Kammerchors in Anspruch genommen, später durch die Gründung der «Schola Cantorum Basiliensis», des Basler Lehr- und Forschungsinstitutes für alte Musik, und schliesslich, nach dem Zusammenschluss von «Musikschule und Konservatorium» mit der «Schola Cantorum Basiliensis», als Direktor der «Musik-Akademie der Stadt Basel».

Mein Wirken in Zürich ist seit 1941 durch das Collegium Musicum Zürich in schönster Weise zum Blühen gekommen, denn die Arbeit mit diesem Elite-Ensemble gehört zu den künstlerischen Freuden meiner Dirigentenlaufbahn.

Walter Schulthess ist der Mann, dem zusammen mit seiner Frau, der Geigerin Stefi Geyer, das Collegium Musicum Zürich seine Entstehung verdankt. Er teilte mir mit, dass ausgezeichnete junge Berufsmusiker bereit wären, in einem Kammerorchester mitzuwirken, und bot mir die Leitung an.

Schulthess hatte durch eine sorgfältige Ausbildung das Rüstzeug als Pianist, Komponist und Dirigent sowie eine umfassende Bildung erworben. Nachdem er reiche Erfahrungen gesammelt hatte, gründete er die «Konzertgesellschaft Zürich». Da wurde der Grandseigneur aus

Zürich zum König der Konzertagenten! Schulthess besass ein in jeder Hinsicht hervorragendes Gehör, wie auch sein Kunstverstand und die Urteilskraft über Musik und ihre Interpretation aussergewöhnlich waren. Seine Unbestechlichkeit und die Ritterlichkeit des Charakters liessen ihn zum Vertrauten und Berater vieler grosser Musiker werden. Überall, wo er tätig war, versuchte Walter Schulthess im Hintergrund zu bleiben.

Als Erscheinung wirkte er unnahbar und verschlossen. Er war skeptisch und vermied grosse Worte. Der Charme und die Ausstrahlung seiner Persönlichkeit offenbarten sich den Menschen, die er mochte, denen er dann auch ein aufrichtiger, zuverlässiger und treuer Freund war. Sein tiefstes Wesen suchte die Rückverbindung mit den geistigen Quellen unseres Ursprungs.

Seine Gattin spielte in den ersten fünfzehn Jahren als Konzertmeisterin im Collegium Musicum Zürich. Stefi Geyer begann ihre Künstlerlaufbahn als Wunderkind, war nicht nur geigerisch brillant und hochmusikalisch, sondern auch bis zum Ende eine schöne und faszinierende Erscheinung auf dem Podium. Ihr solistisches Repertoire hatte sie dank eines blendenden Gedächtnisses immer präsent. Sie muss, nach ihren Schülern zu urteilen, eine begnadete Pädagogin gewesen sein.

Von entscheidender Bedeutung bei der Gründung des Collegium Musicum Zürich war unser erster Präsident, Hans Conrad Bodmer, der zeit seines Lebens die jährlichen Defizite trug. Der Abkömmling eines alten Zürcher Geschlechtes führte das Leben eines Gentilhomme des 18. Jahrhunderts. Er war ganz besonders der Natur und dem Tier verbunden. Als 36jähriger begann er das Studium der Medizin, schloss es mit Erfolg ab, betätigte sich in der Folge jedoch nie als Arzt. Für H. C. Bodmer war die Musik ein echtes Bedürfnis. Er spielte selbst Geige und pflegte die Kammermusik. In unseren Konzerten zeigte er mehr Verständnis und Begeisterung für die alte Musik als für die Werke der Moderne. Eine bedeutende Leistung war seine Tätigkeit als Sammler Beethovenscher Autographen. Er gab die prachtvolle Sammlung aus Verärgerung über den Fiskus und die Behörden schliesslich dem Beethoven-Archiv in Bonn. Ich hätte es schöner gefunden, wenn sie in Zürich geblieben wäre.

Ebenfalls zu den Freunden der ersten Stunde gehören Martin Hürlimann, Willi Schuh und Emil Staiger. Sie alle bekleideten während einiger Zeit das Amt des Vizepräsidenten, Martin Hürlimann von 1956 bis 1971 auch das Amt des Präsidenten.

Willi Schuh, ein international anerkannter, bedeutender Musikschriftsteller, ist der einzige einer Zeitung verbundene Rezensent und Redaktor, dem ich näher kam und eng verbunden bleibe. Er hat seine

Schriften und Bücher einem von schweren und gefährlichen Krankheiten heimgesuchten Körper abgerungen. Ich bewundere seinen Sachverstand, seine musikalischen und historischen Kenntnisse und vor allem die Fähigkeit, komplizierte Zusammenhänge sprachlich so darzustellen, dass sie dem Kenner wie auch dem breiten Publikum verständlich werden. An Willi Schuhs asketischem Gelehrtenkopf kann man ablesen, dass er ein umfassender Geist ist. Er weiss auch Bescheid über Malerei und Literatur und kennt die Querverbindungen zur Musik.

Emil Staiger, musikbegeistert und als Klavierspieler geübt, war schon jung ein berühmter Literaturforscher und Professor. Er ist ein wort- und sprachgewandter Redner, der sein Auditorium mit originalen Gedanken und brillanten Formulierungen fasziniert. Diese kraftvolle schöpferische Persönlichkeit verfügt nicht nur über die Gabe der Interpretation; Staiger hat auch Übersetzungen griechischer Dichtung von hohem Rang geschaffen. Bemerkenswert ist sein Buch «Musik und Dichtung». Er gehört zu den wenigen Schweizern, denen die Ehre zuteil wurde, in den Orden «pour le mérite» für Wissenschaft und Kunst aufgenommen zu werden.

Martin Hürlimann, Ehrenpräsident des Collegium Musicum Zürich, ist der Nestor im Kreise des Collegiums. Herausgeber der Zeitschrift «Atlantis», Verleger des Antlantis-Verlages, Photograph, Autor vieler Bücher über Länder, Städte, Kathedralen und Musik, Asienkenner, ist er ein Zürcher «Zeitgenosse aus der Enge», der kein Aufhebens von sich macht. Welterfahren und aufgeschlossen, Kammermusiker aus Leidenschaft, verfasst Martin Hürlimann seit dem Ausscheiden Willi Schuhs aus dem Vorstand in seinem sehr persönlichen Stil die Einleitungen zu den Generalprogrammen und Jahresberichten.

Dem Vorstand haben zwei Basler angehört, die zu verschiedenen Zeiten auch im Vorstand des Basler Kammerorchesters tätig waren. Beide pflegten das Klavierspiel und waren musikalisch gebildet. Der Mathematiker Andreas Speiser, Professor in Zürich und später an der Universität Basel, hat unter anderem eine eindrückliche Analyse des Finales im zweiten Akt von Mozarts «Zauberflöte» geschrieben. Mit Erwin Frey, dem ersten Jugendanwalt in Basel, später Professor für Strafrecht an der Universität Zürich, war ich schon in frühen Jahren befreundet.

Lange Zeit erfreuten wir uns auch des Rates und der Hilfe von Hugo Krayenbühl, der als Professor an der Universität Zürich eine Pionierleistung auf dem Gebiet der Neurochirurgie vollbracht hat. Er gehört zu den vielen Ärzten, die einen Ausgleich zu ihrem anspruchsvollen Beruf in der Musik finden und zu unseren regelmässigen Konzertbesuchern zählen.

Eine besonders treue Freundin des Collegium Musicum Zürich war Heny Bosshard, in erster Ehe mit dem Chirurgen Professor Dr. Oskar Winterstein und nachher mit dem Pianisten Géza Anda verheiratet. Sie hat während vierzig Jahren überall Hand mit angelegt, wo ihre Hilfe gebraucht wurde, und durch ihre Begeisterung dem Collegium Musicum Zürich viele Anhänger und Mitglieder gewonnen. Das Collegium Musicum Zürich wird den Elan und Einsatz von Frau Heny Anda sehr vermissen.

Das Collegium Musicum Zürich ist das älteste der in Zürich tätigen Kammerorchester. Es ist eine Besonderheit in den Vereinsstatuten des Collegium Musicum Zürich, dass der Generalversammlung nur Vorstand und Aktivmitglieder, das heisst die Musiker des Collegium-Orchesters angehören, so dass die dem Collegium Musicum Zürich fest verbundenen Musiker einen bestimmenden Einfluss nehmen können.

Abgesehen davon, dass ein Basler als Dirigent amtet, ist das Collegium Musicum Zürich eine zürcherische Gründung, eine von Zürchern getragene Institution, die in der Programmgestaltung und künstlerischen Darbietung jedem Vergleich standhält.

Von allen Kammerorchestern in Zürich bekommen wir leider seit Jahren die bei weitem geringste Subvention, was uns das Leben sehr erschwert. Offenbar werden die materiellen Verhältnisse meiner Familie, die mir erlauben, dem Collegium Musicum Zürich ohne jede Entschädigung zur Verfügung zu stehen, in unzulässiger Weise mit der finanziellen Lage des Collegium Musicum Zürich in Verbindung gebracht.

Dagegen erhielt ich mit Dankbarkeit und Genugtuung die Hans-Georg-Nägeli-Medaille der Stadt Zürich und die goldene Ehrenmedaille des Regierungsrates des Kantons Zürich für kulturelle Verdienste. Diese Ehre und Auszeichnung teile ich mit den Künstlern unseres Orchesters und allen Mitarbeitern, die zum Erfolg unserer Konzerte seit vierzig Jahren beitragen.

Zürich ist zu meiner zweiten Heimat geworden. Das Collegium Musicum Zürich, Bande der Freundschaft und Liebe verbinden mich mit dieser Stadt, und der überwältigende und einzigartige Anblick von Stadt, Himmel, See und Bergen verzaubert mich jedesmal von neuem.

Paul Sacher

Dank an Maja

Zur Erinnerung an Maja Sacher-Stehlin

(1991)

Am 2. Juni 1930 sah ich Maja zum ersten Mal an einer Geburtstagsfeier für meinen Lehrer, den berühmten Dirigenten Felix Weingartner. Seine Gattin, Roxo Betty, hatte mich gebeten, mit meinem Kammerorchester Weingartners Serenade zu spielen. Beim anschliessenden Souper sass ich neben Maja. Eine schicksalshafte Begegnung.

Maja durfte als Kind an der Hand ihres Vaters seine Bauplätze besuchen. Fritz Stehlin-von Bavier war ein stilsicherer und charaktervoller Architekt, der noch zu Beginn unseres Jahrhunderts zahlreiche grosse Privathäuser baute. Diese Villen wurden unterdessen fast alle abgerissen; von seinen Bauten stehen nur noch das De Wette-Schulhaus und die Musik-Akademie. Fritz Stehlin starb am 6. Dezember 1923.

Durch ihre Mutter, die einem alten Bündnergeschlecht entstammte, war Maja oft in der Bündner Herrschaft und verbrachte schöne Ferien bei ihrer Grossmutter, Anna Barbara von Bavier-von Salis im «Bothmar» in Malans. Die überragende Figur der Familie war der allseits verehrte Onkel, Theophil Sprecher von Bernegg in Maienfeld.

Majas Wunsch, Architektin zu werden, ging nicht in Erfüllung. So wurde sie zuerst in München und dann bei Antoine Bourdelle in Paris zur Bildhauerin ausgebildet.

In ihrer Ehe mit Dr. Emanuel Hoffmann schenkte Maja drei Kindern das Leben. Einige Jahre wohnte die Familie in Brüssel, wo Emanuel Hoffmann die Leitung der Niederlassung des väterlichen Geschäftes innehatte. In Brüssel legte das Ehepaar den Grundstock zu seiner Gemäldesammlung. Bei den Ankäufen stand ihnen häufig Walter Schwarzenberg zur Seite. Nach Basel heimgekehrt, bezog die Familie den prachtvollen «Lilienhof» am Gellert. Dort wurde ein offenes Haus geführt, wurden glanzvolle Feste gefeiert. Der Unfalltod von Emanuel Hoffmann am 3. Oktober 1932 bereitete dem Leben des 36jährigen, hochbegabten und brillanten Mannes ein jähes Ende. Ein Jahr später verlor Maja ihren geliebten ältesten Sohn Andreas an einer Leukämie. Diese Schicksalsschläge stürzten sie in Verzweiflung und tiefe Trauer.

Im Sommer 1934 haben Maja und ich geheiratet. Nach den dramatischen und schmerzlichen Erlebnissen war Maja erschöpft und niedergeschlagen. Sie brauchte neue Kraft. Ich habe sie von ganzem Herzen geliebt. Zu unserem grossen Glück fand sie allmählich wieder Mut und Lebensfreude.

Eine wunderbare gemeinsame Erfahrung waren für Maja und mich unsere grossen Reisen in den Mittelmeerländern, von Italien, Griechenland über die Türkei durch Kleinasien nach Ägypten und Israel, nach Mexiko, in die Vereinigten Staaten von Amerika und in Südamerika.

Nachdem wir das Landgut Schönenberg ob Pratteln von Carl Jakob Burckhardt und seiner Schwester Theodora von der Mühll-Burckhardt gekauft hatten, suchte Maja einen geeigneten Platz für unser Haus. Sie fand ihn über der alten italienischen Pappel. Unter diesem Baum hatte sie als Kind mit ihren Freunden Burckhardt gespielt. Maja ist die Architektin unseres Hauses. Sie hat alle Pläne sorgfältig gezeichnet und den Bau in allen Einzelheiten überwacht. Sie brauchte einzig für die statischen Probleme die Mitarbeit eines Ingenieurs, meines Vetters Erwin Knobel.

Nach der Fertigstellung des Gebäudes wurde unser Haus von Maja eingerichtet. An den Wänden hingen die Bilder, mit denen Maja leben wollte. Wir waren eine glückliche kleine Familie, zusammen mit ihren Kindern Lukas und Vera. Maja schloss auch meine Schwester Nelly und ihren Gatten, den Arzt Johann Rudolf Frey, ihre Kinder und meine alten Eltern in ihr Herz und widmete ihnen viel Aufmerksamkeit und Zeit. Jahrzehnte später hatte sie auch die Grösse, meine Töchter Katharina und Cornelia in ihr Haus aufzunehmen.

Viele Gäste sind bei uns ein- und ausgegangen. Häufige Besucher im Schönenberg, später auch im Chalet Aellen in Saanen oder in Majas «Agresto» im Chianti, neben Angehörigen der Familie und engen Mitarbeitern, waren Bohuslav Martinů mit seiner Frau Charlotte, Conrad Beck, Willy Burkhard mit seiner Familie, Walter und Yvonne Schwarzenberg mit ihrer Tochter Annette und ihrem Enkel Olivier, Béla Bartók, Georges und Marcelle Braque, bei denen wir oft auch in Paris und Varengeville zu Gast waren, Boris Blacher, Gerty Herzog, der Sprachforscher Prof. Dr. Hans Heinrich Schaeder, Carl Ebert und seine Familie,

Maja Sacher mit Ursi Luginbühl und Couturier Fred Spillmann ▶
an der Hammerausstellung im Mai 1981. Foto Kurt Wyss

Arthur Honegger und Andrée Honegger-Vaurabourg, ihre Tochter Pascale und Jean-Claude Honegger, Egon Seefehlner, Constantin Regamey, Frank und Maria Martin, Dinu Lipatti mit Madeleine, Edgar und Maria Tytgat, Antoine Pevsner, Louis Moillet, Graham Sutherland und Max Kämpf, die Maja porträtiert haben, Max Ernst, Ernst Krenek, Mstislav Rostropovitch und Galina Vischnewskaja mit ihren Töchtern Olga und Helena, der russische Bildhauer Ernst Neizvestny, Alberto Giacometti, Bernhard Luginbühl, Jean Tinguely, Leo Schrade, Werner Düggelin, Hans Werner Henze, Dr. Peter Mieg, Pierre Boulez, Henri Dutilleux, Cristóbal und Marita Halffter, Witold und Danuta Lutosławski und viele andere Bekannte und liebe Freunde.

Maja empfing im Schönenberg während Jahren den «International Advisory Board» des Basler Institutes für Immunologie. Unter diesen eminenten Forschern hat sie einige eindrucksvolle Freunde gewonnen.

Maja war eine perfekte Gastgeberin, ihre starke Persönlichkeit und Ausstrahlung schufen eine Atmosphäre, in der sich alle wohl fühlten.

Zu Majas grosser Liebesfähigkeit gehörten Treue und Zuverlässigkeit. Sie besass eine erstaunliche innere Unabhängigkeit und liess sich nicht von ihrem Weg abbringen.

Maja nahm an meiner musikalischen Tätigkeit innigen Anteil. Sie war bei jedem Konzert und bei allen wichtigen Anlässen dabei und begleitete mich auf allen Konzertreisen, auch zu den Opern-Festspielen in Glyndebourne, wo wir jeweils einige Monate in der prachtvollen Landschaft Südenglands zubrachten.

Maja übertrug mir von allem Anfang an die Verwaltung des Familienvermögens und die Pflege der Verbindung zum angestammten Unternehmen. Da Maja sich nie mit ökonomischen oder geschäftlichen Fragen auseinandersetzen wollte und ihre Kinder bei unserer Eheschliessung sehr jung waren, musste ich alle Entscheidungen treffen und die Verantwortung allein tragen.

In der Folge waren die Präsidenten von Roche regelmässige und häufige Gäste am Schönenberg. Der legendäre Dr. Emil Christoph Barell zeichnete sich durch eine vorbildliche Loyalität aus, die dem Unternehmen galt wie auch seinem ehemaligen Chef, Fritz Hoffmann-La Roche, den er bewundert hatte. Barell versuchte, nach seiner Heimkehr aus den Vereinigten Staaten, mir als einem Neuling die Besonderheiten des pharmazeutischen Geschäftes von Roche aufzuzeigen. Die geistige Klarheit und Schaffenskraft des alten Herrn waren bewundernswürdig. Sein Nachfolger, Dr. Alberto Caflisch, ein Studienfreund von Emanuel Hoffmann, war ein in Italien beheimateter Bündner, der einen ganz anderen Arbeitsstil pflegte. Ihm folgte der Urner Dr. Adolf Jann, ein ehemaliger Mitarbeiter von Dr. Caflisch in der Bankiervereinigung, der jung zum

Generaldirektor bei der Schweizerischen Bankgesellschaft aufgestiegen war. Seine Zeit war gekennzeichnet durch den überwältigenden Erfolg des Valiums. Fritz Gerber, der das Unternehmen nun schon seit mehr als zehn Jahren leitet, hat dem Konzern ein neues Gesicht gegeben und Roche zu grosser Blüte geführt.

Alle Präsidenten waren durch die Internationalität des Unternehmens gezwungen, in den Dimensionen der ganzen Welt zu denken und zu handeln. Viele leitende Mitarbeiter aus Basel und aller Herren Länder gaben mir vertiefte Einblicke in das Leben des Konzerns, die mir sehr hilfreich waren. Kunst war für Maja eine Lebensnotwendigkeit, ein ganz wesentlicher Inhalt ihrer geistigen Existenz. Sie verfügte in allen Fragen der bildenden Kunst über eine souveräne Urteilskraft und hatte vor allem auch die Fähigkeit, innovative Talente zu erkennen. Sie wurden in der Emanuel Hoffmann-Stiftung, die Maja zum Gedächtnis an ihren verstorbenen Gatten errichtet hatte, systematisch gefördert.

Maja ist während ihres ganzen Lebens die Begeisterungsfähigkeit erhalten geblieben, mit der sie als junge Frau Hans Arp bewunderte und im hohen Alter für Joseph Beuys eintrat. Achtzigjährig hat sie sich entschlossen, das Museum für Gegenwartskunst zu errichten.

Im Verlauf unserer Ehe hat sich mir die Welt der Malerei und Bildhauerei erschlossen. Viele gemeinsame Atelierbesuche bei Maillol, Arp, Sophie Taeuber, Braque, Picasso, Brancusi und vielen anderen Künstlern sind mir in unauslöschlicher Erinnerung geblieben. Maja führte mich auch mit Malern und Bildhauern einer jüngeren Generation zusammen. In den letzten Jahren wurde Jean Tinguely ein besonders naher und stets willkommener Freund.

Maja hatte treue Freunde und Helfer. So hat Pascale Honegger die Inventarisierung ihrer Kunstwerke vorgenommen und in Majas Papieren Ordnung gehalten. Hedi Baldegger entlastete sie in der Führung des Haushaltes. Meine Schwester ging ihr überall an die Hand, wo sie Maja hilfreich und nützlich sein konnte.

Als nach 1982 die Gebrechen des Alters zunehmend Hilfe erforderten, hatten wir das Glück, Sr. Ursula Grzywna zu finden, die Maja liebevoll bis zum Ende betreute. Sie übernahm auch die schwierige Aufgabe, die notwendigen Pfleger und Krankenschwestern zu finden. Patientin und Pflegerin sind einander menschlich sehr nahe gekommen. Während all den Jahren hat Vera ihre Mutter täglich gesehen, so wie Maja und ihre drei Schwestern ihre eigene Mutter täglich besucht hatten.

Majas Haus wird auch in Zukunft so erhalten bleiben, wie sie es selbst gestaltet hat. Einige Kunstwerke, die ich von Maja geschenkt erhielt, begleiteten mich nach ihrem Tod an den Münsterplatz, wo sie das Gedeihen meines zehnjährigen Sohnes, dessen Mutter vor drei Jahren starb, und den alten Vater vor dem Unheil der inneren Einsamkeit beschützen.

Eines werde ich nie vergessen. In Majas letzter Zeit, als die Kommunikation schon sehr eingeschränkt war, habe ich ihr manchmal die Hand gestreichelt und gesagt, wie lieb ich sie habe. Dann glitt das glückliche Lächeln über ihr Antlitz, das mich schon bei der jungen Frau ergriffen und bezaubert hat.

Anhang

Zeittafel

1906	28. April: Geburt in Basel als erstes Kind von August und Anna Sacher-Dürr.
1912	Geburt der Schwester Nelly Sacher. Beginn des Geigenunterrichts.
1922	Gründung des «Orchester Junger Basler» mit Paul Sacher als Primgeiger, später als Dirigent.
1923	Maturität am Mathematisch-Naturwissenschaftlichen Gymnasium in Basel. Studium der Musikwissenschaft bei Karl Nef und Jacques Handschin und weiterer Fächer an Universität und Konservatorium Basel; Musiktheorie bei Rudolf Moser, Violine bei Fritz Hirt, Gesang bei Arthur Althaus und Dirigieren bei Felix Weingartner.
1926	4. November: Gründungsversammlung des Basler Kammerorchesters (BKO).
1927	21. Januar: 1. BKO-Konzert mit der Uraufführung des Cellokonzerts von Rudolf Moser. 24. Juni: Gründung der Ortsgruppe Basel der Internationalen Gesellschaft für Neue Musik (IGNM).
1928	Erster Kompositionsauftrag des BKO an den Schweizer Komponisten Conrad Beck. 17. Dezember: 1. Konzert des Basler Kammerchors mit u.a. Carissimis «Jephte».
1929	Leitung des Basler Männerchors. 30. Januar: Erste Begegnung mit Béla Bartók bei einem Basler Konzert.

1930	März: Erste Begegnung mit Igor Strawinsky bei einem Konzert in Winterthur. 2. Oktober: Uraufführung der 5. Sinfonie von Conrad Beck. 2. Juni: Erste Begegnung mit Maja Hoffmann-Stehlin.
1931	Vorstandsmitglied des Schweiz. Tonkünstlervereins. 21. Februar: Auf Einladung von Octave Homberg wird Mozarts «Idomeneo» in Paris mit Max Meili in der Titelpartie, Salvatore Salvati als Idamante, Adelheid La Roche als Ilia, Berthe de Vigier als Elettra und dem Orchestre de la Société d'Etudes Mozartiennes aufgeführt. Erste Schallplatte des Basler Kammerchors für His Master's Voice mit Chören aus «Idomeneo».
1931	9. Juni: Basler Erstinszenierung von Purcells «Dido und Aeneas» in der Regie von Oskar Wälterlin mit Berthe de Vigier und Hanns Visscher van Gaasbeek in den Titelpartien. Die holländische Musikwissenschaftlerin und Hymnologin Ina Lohr wird Beraterin von Paul Sacher für die Programme des BKO.
1932	20. Januar: Deutschsprachige Erstaufführung des Oratoriums «Der Welten Schrei» («Cris du Monde») von Arthur Honegger. 2. Oktober: Tod von Dr. Emanuel Hoffmann, Sohn des Firmengründers Fritz Hoffmann-La Roche und Ehemann von Maja Hoffmann-Stehlin.
1933	Gründung der Schola Cantorum Basiliensis zusammen mit Ina Lohr, August Wenzinger, Max Meili, Arnold Geering und Walter Nef.
1934	Im Sommer Heirat mit der um zehn Jahre älteren Maja Hoffmann-Stehlin.
1935	Präsident der Sektion Schweiz der Internationalen Gesellschaft für Neue Musik (IGNM). Bezug des neuen Wohnsitzes auf dem Schönenberg ob Pratteln bei Basel. Vorstandsmitglied der Ortsgruppe Basel der Schweizerischen Musikforschenden Gesellschaft.

1937	21. Januar: Uraufführung von Auftragswerken von Conrad Beck, Willy Burkhard und Béla Bartók («Musik für Saiteninstrumente, Schlagzeug und Celesta») zum zehnjährigen Bestehen des BKO.
1938	16. Januar: Uraufführung der «Sonate für zwei Klaviere und Schlagzeug» von Béla Bartók mit dem Komponisten und Ditta Bartók-Pasztóry, dem Paukisten Fritz Schiesser und dem Schlagzeuger Philipp Rühlig zum zehnjährigen Bestehen der Basler IGNM. Conrad Beck wird Abteilungsleiter Musik des Radios der deutschen und der rätoromanischen Schweiz im Studio Basel. 11. Juni: Auftritt des Basler Kammerchors und -orchesters beim 1. Oberrheinischen Musikfest in Donaueschingen. Wahl Paul Sachers in den Verwaltungsrat des Chemie-Konzerns Hoffmann-La Roche AG.
1939	22. März: Uraufführung von Albert Moeschingers 3. Klavierkonzert mit Franz Josef Hirt als Solisten.
1940	11. Juni: Uraufführungen von Ernst Kreneks «Symphonisches Stück für Streichorchester», Willy Burkhards Kantate «Genug ist nicht genug» und Béla Bartóks «Divertimento» für Streichorchester.
1941	Gründung des Collegium Musicum Zürich (CMZ) mit Stefi Geyer als erster Konzertmeisterin.
1942	22. September: Gründung der «Freunde alter Musik in Basel» (FAMB).
1943	14. November: Konzert des Basler Kammerorchesters und Kammerchors in der Martinskirche Basel (Frescobaldi, Monteverdi, Carissimi und Buxtehude). Das Programm diente Thomas Mann als Vorlage für eine Stelle in seinem «Doktor Faustus» (Kap. XXI; Das BKO und Sacher werden auch in Kap. XXXIX dieses Romans ausdrücklich erwähnt.).

1944	24. August: Erste Serenade des Collegium Musicum Zürich am Luzerner Löwendenkmal im Rahmen der Internationalen Musikfestwochen Luzern.
1946	Präsident des Schweizerischen Tonkünstlervereins.
1947	21. Januar 1947: Uraufführungen dreier Auftragswerke, Bohuslav Martinůs «Toccata e due Canzoni», Igor Strawinskys «Concerto en ré» und Arthur Honeggers 4. Sinfonie «Deliciae Basilienses» zum 20jährigen Bestehen des BKO. Gastdirigate mit den Wiener Symphonikern beim 1. Wiener Musikfest, mit dem Kammerorchester der Münchner Philharmoniker bei den «Freunden der Residenz» und mit dem Symphonieorchester des Südwestfunks Baden-Baden.
1949	28. Mai: Uraufführung der Oper «Die schwarze Spinne» von Willy Burkhard am Stadttheater Zürich, u.a. mit der Sopranistin Lisa della Casa.
1951	7. Dezember: Uraufführung von Willy Burkhards «Toccata» für vier Bläser, Schlagzeug und Streichorchester zum zehnjährigen Bestehen des CMZ. 31. Mai: Konzertante Basler Erstaufführung von Béla Bartóks Oper «Herzog Blaubarts Burg».
1952	12. August: Geburt der Tochter Katharina aus der Verbindung mit Nina von Faber-Castell.
1954	Übernahme der Direktion der Musik-Akademie Basel. 15. Juli: Erstes Gastdirigat bei der südenglischen «Glyndebourne Festival Opera» mit Strawinskys «The Rake's Progress» in der Inszenierung von Carl Ebert. 2.–4. September Gastspiel des CMZ beim «Edinburgh International Festival of Music and Drama».
1955	3. April: Einstudierung und Aufführung von Willy Burkhards Oratorium «Das Gesicht Jesajas» mit dem Chor der Collegiate Chorale und dem RCA Victor Symphony Orchestra in der New Yorker Carnegie Hall.

1958 23. März: Uraufführung von Hans Werner Henzes «Sonata per archi» mit dem CMZ.

1960 Pierre Boulez leitet an der Musik-Akademie Basel eine Meisterklasse für Komposition, mit Fortsetzung 1965 und 1969 als «Interpretations- und Dirigierkurs für zeitgenössische Musik».

1961 9. Juni: Uraufführung der Oper «Griechische Passion» von Bohuslav Martinů am Stadttheater Zürich.
27. August: Geburt von Cornelia, der zweiten Tochter aus der Verbindung mit Nina von Faber-Castell.

1966 2. Dezember: Uraufführung von Hans Werner Henzes «Doppelkonzert für Oboe, Harfe und Streicher» mit Heinz und Ursula Holliger zum 25jährigen Bestehen des CMZ.

1967 7. – 9. Juli: Gastspiel des CMZ an der Weltausstellung in Montréal.

1968 18./19. Januar: Erstes Konzert mit dem sechsköpfigen Basler Schlagzeug-Ensemble (Markus Ernst, Jean-Claude Forestier, Charles Pfyffer, Fritz Schiesser, René Rotzler und Siegfried Schmid).

1970 16. – 18. November: Gastreise des CMZ nach Tokio, Yokohama und Osaka.

1971 Verwaltungsratsmitglied des von Pierre Boulez gegründeten und geleiteten Institut de Recherche et de Coordination Acoustique-Musique (IRCAM) beim Centre Pompidou in Paris.

1973 Gründung der Paul Sacher Stiftung in Basel.

1974 Erwerb des Hauses «Auf Burg» am Münsterplatz 4.
26. – 29. März: Gastspielreise des CMZ nach Australien zum Adelaide Festival of Arts, in Melbourne, Brisbane und Sidney.

1976 2. Mai: Mstislav Rostropovitch spielt in Zürich zu Sachers 70. Geburtstag als Uraufführungen «Hommages», 10

Cello-Variationen auf den Namen «Es-A-C-H-E-Ré» von Benjamin Britten, Conrad Beck, Heinz Holliger, Klaus Huber, Cristóbal Halffter, Luciano Berio, Wolfgang Fortner, Henri Dutilleux, Witold Lutosławski und Alberto Ginastera.
17. Dezember: Gastdirigat im Teatro Real Madrid mit Frank Martins «Le Mystère de la Nativité» und dem Orquesta Nacional de España.

1978 Sacher dirigiert Mozarts «Idomeneo» am Zürcher Stadttheater mit Gösta Winbergh in der Titelpartie.

1981 22. Februar: Geburt von Sohn Georg Sebastian Balthasar aus der Verbindung mit Irmtraut Schmid.
Künstlerischer Beirat der Internationalen Musikfestwochen Luzern zusammen mit Rafael Kubelik und Vladimir Askenazy.

1983 Die Paul Sacher Stiftung erwirbt den Nachlass von Igor Strawinsky.

1984 6. – 17. September: Teilnahme des CMZ an einer Kreuzfahrt der «Mermoz» im Rahmen des 16. Festival de Musique en Mer mit Land-Gastspielen in Neapel, den Theatern von Delphi und Aspendos und in Palermo.

1986 28. April : Einweihung der Paul Sacher Stiftung aus Anlass des 80. Geburtstags des Stifters mit einem Festakt im Musiksaal des Basler Stadtcasinos und mit der Ausstellung «Die Musik des 20. Jahrhunderts in der Paul Sacher Stiftung» im Basler Kunstmuseum.
27. November: Mitteilung an die BKO-Mitglieder über das Ende der Tätigkeit des BKO zum Saisonschluss 1986/87.

1987 Konstitution des «Basler Musik Forum» mit Heinz Holliger, Rudolf Kelterborn und Jürg Wyttenbach als Programmausschuss.
7./8. Mai: Letztes BKO-Konzert mit Darius Milhauds Oper «Les Malheurs d'Orphée» und Henry Purcells «Dido and Aeneas».

1989 8. August: Maja Sacher-Stehlin stirbt im Alter von 93 Jahren.

1990 24./25. September: Gastspiel des CMZ im Pariser Théâtre des Champs Elysées mit Werken von Martin, Dutilleux, Honegger und Strawinsky.

1991 27. Juni: Premiere des Films «Paul Sacher» in der Regie von François Reichenbach.

1992 13./14. Juni: Letztes CMZ-Abonnementskonzert des Collegium Musicum Zürich mit der Uraufführung der Musik für Violine und Orchester «Gesungene Zeit» von Wolfgang Rihm mit Anne-Sophie Mutter als Solistin.

1993 6. Juni: Tod von Brenton Langbein, seit 1956 Konzertmeister und Gastdirigent des CMZ und seit 1967 Konzertmeister des BKO.

1996 27. April: Basler Gastspiel des Ensemble InterContemporain unter Pierre Boulez beim Festakt zum 90. Geburtstag von Paul Sacher und zum zehnjährigen Bestehen der Paul Sacher Stiftung mit Uraufführungen von Pierre Boulez («sur Incises»), Luciano Berio («KOL OD – Chemins VII»), Harrison Birtwistle (Nummer 4 der «Four Settings of Celan») und Elliott Carter (Oboenkonzert).
Ausstellung «Canto d'Amore – Klassizistische Moderne in Musik und bildender Kunst 1914–1935» im Kunstmuseum Basel. – Im Begleitprogramm: eine Konzertreihe und ein Symposion zum Thema «Klassizistische Moderne in der Musik des 20. Jahrhunderts».
25./26. August: Letzte Löwendenkmal-Serenade der Internationalen Musikfestwochen Luzern mit dem Collegium Musicum Zürich mit Mstislav Rostropovitch als Solisten, der als Hommage an Paul Sacher die «Messagesquisse pour sept violoncelles» von Pierre Boulez spielt.
1. Oktober: Eröffnung des von Mario Botta entworfenen, von Roche zu ihrem hundertjährigem Bestehen gestifteten Museums Jean Tinguely in Basel.

1997	9. November: Konzert des Basler Schlagzeug-Ensembles aus Anlass seines 30jährigen Bestehens und zum 60. Geburtstag des Paukisten Siegfried Schmid im Basler Musiksaal.
1998	27. September: Konzert des Basler Schlagzeug-Ensembles im Museum Jean Tinguely mit Werken von Henry Cowell («Ostinato pianissimo»), Olivier Messiaen (Aus «Canyon des Etoiles»), John Cage («First Construction in Metal»), Elliott Carter (Aus «Eight Pieces for Tipmani») und Rudolf Kelterborn (Uraufführung von «Annäherungen», Musik für Horn und grosses Schlagzeug-Ensemble) unter der Leitung des Komponisten mit Josef Brezja als Solisten.
1999	26. Mai: Tod. 2. Juni: Gedenkfeier im Basler Münster.

Ehrungen

1951	Dr. phil. h.c. der Universität Basel
1953	Schönberg-Medaille, Wien
1955	Ehrenpräsident des Schweizerischen Tonkünstlervereins
1956	Mozart-Medaille, Salzburg
1966	Hans Georg Nägeli-Medaille, Zürich
1971	Ehrenmitglied der Internationalen Gesellschaft für Neue Musik IGNM
1972	Ehrenkreuz Erster Klasse «Litteris et Artibus», Wien
1972	Kunstpreis der Stadt Basel
1977	Korrespondierendes Mitglied der Bayerischen Akademie der Schönen Künste, München
1981	Gedenkmedaille für Béla Bartók der Ungarischen Volksrepublik
1983	Officier de l'Ordre des Arts et des Lettres, Paris
1984	Commendatore dell'Ordine al Merito della Republica Italiana
1985	Officier de la Légion d'Honneur, Paris
1987	Ehrenmitglied der Hebräischen Universität Jerusalem
1987	Honorarprofessor des Bundesministeriums für Unterricht, Kunst und Sport, Wien
1988	Dr. h.c. in Music of the University of Oxford
1990	Ehrenmitglied der Ungarischen Kodály Gesellschaft, Budapest
1990	Dr. h.c. of Eastman School of Music of the University Rochester, USA
1991	Auszeichnung «Pro Cultura Hungarica» des Ministeriums für Kultur und Erziehung der Ungarischen Volksrepublik
1991	Ehrenmitglied der Royal Philharmonic Society, London
1991	Ehrenmitglied der Magyar Kodàly Tarsasag, Budapest
1992	Silbermedaille der Karls Universität, Prag
1992	Dr. h.c. in Medizin und Chirurgie der Universität, Genua
1992	Dr. h.c. und Professor der Franz Liszt-Hochschule für Musik, Budapest
1993	Crystal Crown Award of the Birmingham Festival of Arts, Alabama, USA
1993	Grosses Verdienstkreuz mit Stern des Verdienstordens der BRD

1994	Dr. h.c. of Laws of the Babson College Babson Park, Massachusetts, USA
1994	Dr. h.c. of Music of the McGill University, Montreal
1995	Jacob Burckhardt-Gold-Medaille der Johann Wolfgang von Goethe-Stiftung, Basel
1995	Ehrenmitglied des Internationalen Musikrats
1997	Dr. h.c. der Musik-Akademie Krakau
1997	Ehrenspalenberglemer, Basel
1997	Europäischer Stifterpreis der Kultur-Fördergemeinschaft der Europäischen Wirtschaft Basel
1997	Maecenas-Ehrung des Bonner Arbeitskreises selbständiger Kultur-Institute
1999	Goldmedaille der Academia Europaea

Die Sammlungen der Paul Sacher Stiftung Basel

Aus der Stiftungsurkunde

«Die Stiftung dient der Erhaltung des musikalischen Nachlasses des Stifters und des übrigen Stiftungsgutes auf den Gebieten der Kultur-, Geistes- und Kunstgeschichte, besonders der Musikgeschichte. Im Rahmen der verfügbaren Mittel kann das Stiftungsgut vervollständigt und erweitert werden.

Die Stiftung sorgt in ihrer Forschungsstätte mit eigenen Mitarbeitern für die wissenschaftliche Bearbeitung des Stiftungsgutes und macht es der Forschung zugänglich. Sie kann auch aussenstehenden Persönlichkeiten Forschungs-, Publikations- und ähnliche Aufträge erteilen.

Die Stiftung ist auf internationaler Ebene tätig.»

Conrad Beck (1901–1989)
Erik Bergman (* 1911)
Maria Bergmann (* 1918)
Luciano Berio (* 1925)
Jean Binet (1893–1960)
Harrison Birtwistle (* 1934)
Pierre Boulez (* 1925)
Ernest Bour (* 1913)
Henry Brant (* 1913)
Fritz Brun (1878–1959)
Willy Burkhard (1900–1955)
Elliott Carter (* 1908)
Nicolaij Čerepnin (1873–1945)
Christoph Delz (1950–1993)
Ernst Diez (1878–1961)
Antal Doráti (1906–1988)
Henri Dutilleux (* 1916)
Morton Feldman (1926–1987)
Brian Ferneyhough (* 1943)
Walther Geiser (1897–1993)
Alberto Ginastera (1916–1983)
Clytus Gottwald (* 1925)

Sofia Gubaidulina (* 1931)
Cristóbal Halffter (* 1930)
Roman Haubenstock-Ramati (1919–1994)
Hans Werner Henze (* 1926)
Arthur Honegger (1892–1955)
Klaus Huber (* 1924)
Edwin Hymowitz und Natasha Lutov (* 1931 / * 1932)
Heinrich Jalowetz (1882–1946)

Hildegard Jone (1891–1963)
Werner Kaegi (1901–1979)
Mauricio Kagel (* 1931)
Rudolf Kelterborn (* 1931)
György Kurtág (* 1926)
Helmut Lachenmann (* 1935)
René Leibowitz (1913–1972)
Rolf Liebermann (1910–1999)
György Ligeti (* 1923)
Ina Lohr (1903–1983)
Witold Lutosławski (1913–1994)
Bruno Maderna (1920–1973)
Frank Martin (1890–1974)
Marcel Mihalovici (1898–1985)
Massimo Mila (1910–1988)
Norbert Moret (1921–1998)
Conlon Nancarrow (1912–1997)
Siegfried Oehlgiesser (1908–1993)
Goffredo Petrassi (* 1904)
Henri Pousseur (* 1929)
Aribert Reimann (* 1936)
Wolfgang Rihm (* 1952)
George Rochberg (* 1918)
Paul Sacher (* 1906)
Armin Schibler (1920–1986)
Dieter Schnebel (* 1930)
Kaikhosru Shapurji Sorabji (1892–1988)
Igor Strawinsky (1882–1971)
Leonard Stein (* 1916)
Robert Suter (* 1919)
Alexander Tscherepnin (1899–1977)
Galina Ustvol'skaja (* 1919)
Sándor Veress (1907–1992)
Antoinette Vischer (1909–1973)

Margrit Weber (* 1924)
Anton Webern (1883–1945)
Stefan Wolpe (1902–1972)
Ludwig Zenk (1900–1949)

Sammlungen in Fotokopien:
Privatsammlung 1
Paul Aron (1886–1955)
Peter Gradenwitz (* 1910)
Karlheinz Stockhausen (* 1928)

Bibliographie

Aufsätze von Paul Sacher

Musik und Schule
In: «Orchester Junger Basler 1922–1927», Druck J. Haupt, Basel 1927

Kunst und Krise – Gedanken zur Musikorganisation
In: «Schweizerische Musikzeitung», 1935

Béla Bartók zum Gedächtnis
BKO-Mitteilungen vom 17. November 1945 in: «Alte und Neue Musik I» 1952

Zum 70. Geburtstag von Igor Strawinsky
BKO-Mitteilungen vom 24. Mai 1952 in: «Alte und neue Musik II» 1977

Ein Basler in Zürich – Das Collegium Musicum Zürich
In: «40 Jahre Collegium Musicum Zürich», Atlantis Verlag, Zürich, 1982

Dank an Maja – Zur Erinnerung an Maja Sacher-Stehlin
In: «Briefe von Jean Tinguely an Maja Sacher» Benteli Verlag Bern, 1992

Bücher über Paul Sacher und seine Aktivitäten

Alte und Neue Musik
I Das Basler Kammerorchester 1926-1951
II Das Basler Kammerorchester 1926-1976
III 60 Jahre Basler Kammerorchester 1976-1987
Atlantis Verlag Zürich, 1952, 1977, 1988

Musikhandschriften in Basel
Ausstellungskatalog Kunstmuseum Basel, hrsg. v. Tilman Seebass 1975

Dank an Paul Sacher – Zum 70. Geburtstag
Herausgegeben von Mstislav Rostropovitch
Atlantis Verlag Zürich, 1976

Musikhandschriften aus der Sammlung Paul Sacher
Festschrift zu Paul Sachers 70. Geburtstag
Editiones Roche Basel, 1976

Jürg Erni: Basel und seine Musik
Buchverlag Basler Zeitung, 1979

Alte Musik: Praxis und Reflexion (I) – Konzert und Rezeption (II)
Zwei Sonderbände der Reihe Basler Jahrbücher für historische Aufführungspraxis. Zum 50. Jubiläum der Schola Cantorum Basiliensis. Herausgegeben von Peter Reidemeister und Veronika Gutmann. «Paul Sacher, dem Gründer der Schola Cantorum Basiliensis gewidmet». Amadeus Verlag Winterthur, 1983

Strawinsky. Sein Nachlass. Sein Bild
Ausstellungskatalog Kunstmuseum Basel, 1984

Paul Sacher: Reden und Aufsätze
Atlantis Verlag Zürich, 1986

Paul Sacher als Gastdirigent
Dokumentation und Beiträge zum 80. Geburtstag
Atlantis Verlag Zürich,1986

Komponisten des 20. Jahrhunderts in der Paul Sacher Stiftung
Ausstellungskatalog Kunstmuseum Basel, Schott Verlag Mainz, 1986

Jürg Erni: Neue Musik in Basel.
Paul Sacher und sein Mäzenatentum
Buchverlag Basler Zeitung, 1987

Paul Sacher: Maja Sacher-Stehlin
Zur Erinnerung an meine unvergessliche Frau
Privatdruck Paul Sacher, Schönenberg, Pratteln, 1989

Paul Sacher: Auftragswerke – Widmungskompositionen – Uraufführungen 1916-1990
Paul Sacher Stiftung Basel

Fünfzig Jahre Collegium Musicum Zürich 1941-1991
Atlantis Verlag Zürich, 1995

Paul Sacher – Serenaden am Löwendenkmal in Luzern 1944–1985/1986–1995. Zwei Bände; W. und M. Strebi-Erni Stiftung Luzern, 1986/1996

Hans Conrad Peyer: Roche – Geschichte eines Unternehmens 1896-1996
Mit einem Geleitwort von Paul Sacher
Editiones Roche Basel, 1996

Die klassizistische Moderne in der Musik des 20. Jahrhunderts
Internationales Symposion der Paul Sacher Stiftung Basel 1996
Amadeus Verlag Winterthur, 1997

Briefe von Jean Tinguely an Paul Sacher und gemeinsame Freunde
Herausgegeben von Margrit Hahnloser
Benteli Verlag Bern, 1996

Settling New Scores – Music Manuscripts from the Paul Sacher Foundation, Ausstellungskatalog der Pierpont Morgan Library New York, hrsg. v. Felix Meyer, Schott-Verlag Mainz, 1998

Aufnahmen auf Compact-Disc unter der Leitung von Paul Sacher

Uraufführungen mit dem Basler Kammerorchester

- Frank Martin: Konzert für Violoncello und Orchester. Pierre Fournier, Violoncello. Aufnahme vom 26. Januar 1967.
- Conrad Beck: «Hommages» – Zwei Stücke für Orchester: «Dans le lointain ... et dans le présent». Aufnahme vom 12. Mai 1966.
- Wladimir Vogel: «Komposition» für Kammerorchester. Uraufführung vom 12. Januar 1978.
- Benjamin Britten: Cantata Academica «Carmen Basiliense». Agnes Giebel, Sopran; Elsa Cavelti, Alt; Peter Pears, Tenor; Heinz Rehfuss, Bass; Basler Kammerchor. Aufnahme vom 1. Juli 1960 in der Kongresshalle Basel.
- Wolfgang Fortner: Variationen für grosses Kammerorchester. Aufnahme vom 12. Januar 1978.

Uraufführungen mit dem Collegium Musicum Zürich

- Hans Werner Henze: Doppelkonzert für Oboe, Harfe und Streicher. Heinz und Ursula Holliger. Aufnahme vom 2. Dezember 1966.
- Henri Dutilleux: «Mystère de l'Instant» für 24 Streicher, Cymbalum und Schlagzeug. Aufnahme vom 22. Oktober 1989.
- Wolfgang Rihm: «Dunkles Spiel» für vier Schlagzeuger und kleines Orchester. Aufnahme vom 16. Juni 1990.

Aufnahmen mit dem Basler Schlagzeug Ensemble

- Carlos Chavez: «Tambuco» für sechs Schlagzeuginstrumentalisten. Aufnahme vom 4. Juni 1980.
- Rudolf Kelterborn: «Visions sonores» für sechs Schlagzeuggruppen und sechs obligate Instrumente. Aufnahme vom 4. Juni 1980.
- Friedhelm Döhl: «Conductus» für vier Schlagzeuger. Aufnahme vom 13. September 1981.
- Norbert Moret: «Visitations» für Sopran, Mezzosopran, Tenor, drei Orgeln, Klavier und sechs Schlagzeuger. Aufnahme vom 20. Januar 1983.

ARS MUSICI 1155 (3 CDs), Koproduktion Freiburger Musik Forum/ Schweizer Radio DRS2 (Redaktion: Jürg Erni)

Benjamin Britten: «Les Illuminations», op.18
Janine Micheau, Sopran; Orchestre des Concerts Lamoureux. Aufnahme vom September 1954. **Philips 438 970**

Wolfgang Amadeus Mozart: Klavierkonzert Es-Dur, KV 271 «Jeunehomme»; Klavierkonzert A-Dur, KV 488
Clara Haskil; Wiener Symphoniker. Aufnahme vom Oktober 1954.
Philips 442 631

Othmar Schoeck: Konzert für Horn und Orchester
Dennis Brain; Collegium Musicum Zürich. Aufnahme vom 4. Mai 1956 in der Tonhalle Zürich.
Jecklin Edition 715

Hans Werner Henze: «Sonata per archi»; Doppelkonzert für Oboe, Harfe und Streicher; «Fantasia» für Streicher
Heinz und Ursula Holliger; Collegium Musicum Zürich. Aufnahme vom Juli 1968 in Winterthur. **Deutsche Grammophon 449 864**

Robert Suter: «Sonata per orchestra»
Radio-Sinfonieorchester Basel. Aufnahme von 1974.
Grammont CTS-P 6

Norbert Moret: Concerto pour violoncelle
Mstislav Rostropovitch; Collegium Musicum Zürich.
Aufnahme vom 6. November 1989 im Radiostudio Zürich.
Norbert Moret: «Hymnes de silence»; Heiner Kühner, Orgel; Basler Sinfonie-Orchester.
Aufnahme vom 12. Januar 1978 im Musiksaal Basel.
musikszene schweiz 6103 und Erato 2292-45530

Norbert Moret: «Double Concerto» für Violine, Violoncello und Orchester
Romano und Luciano Pezzani; Collegium Musicum Zürich.
Aufnahme vom 18. November 1982 im Radiostudio Zürich.
Grammont CTS-P 23

Igor Strawinsky: «Concerto en ré» für Violine und Orchester
Anne-Sophie Mutter; Philharmonia Orchestra. Aufnahme vom Februar 1988 in London.
Deutsche Grammophon 423 696

Henri Dutilleux: «Mystère de l'instant» für 24 Streicher, Cymbalum und Schlagzeug
Collegium Musicum Zürich. Aufnahme vom September 1990
Radio France, Paris.
Arthur Honegger: Sinfonie Nr. 3 «Liturgique»; «Chant de joie»; «Horace Victorieux»
Basler Sinfonie-Orchester. Aufnahme vom März/Mai 1992 im Volkshaus Basel.
Pan classics 510 053

12 Hommages à Paul Sacher von Alberto Ginastera, Wolfgang Fortner, Hans Werner Henze, Conrad Beck, Henri Dutilleux, Witold Lutosławski, Luciano Berio, Cristóbal Halffter, Benjamin Britten, Klaus Huber, Heinz Holliger, Pierre Boulez
11 Stücke für Violoncello solo (Thomas Demenga), «Messagesquisse» pour sept violoncelles (Barbara Lichter, Anna Loudos, Beat Feigenwinter, Michael Keller, Françoise Schiltknecht, Pierpaolo Toso; Leitung: Jürg Wyttenbach).
Eine (Cello)-Reverenz zum 70. Geburtstag von Paul Sacher am 28. April 1976, veranlasst von Mstislav Rostropovitch. Aufnahme vom Juni 1993 in der Kirche Blumenstein BE.
ECM-Records 1520/21

Lou Harrison: «Concerto in Slendro»; Concerto für Violine und Schlagzeugorchester; Labyrinth Nr. 3 für elf Schlagzeuger
Antonio Nuñez, Violine; Basler Schlagzeug-Ensemble. Aufnahme vom Februar 1997 im Musikstudio von Radio Basel.
Pan classics 510 103

Rudolf Kelterborn: «Musik» für sechs Schlagzeuger (1983/84); «Annäherungen», Musik für Horn und Schlagzeugensemble; Vier Fantasiestücke für Violine und Marimbaphon (1992/93); «Visions sonores» für sechs Schlagzeuggruppen und sechs obligate Instrumente (1979).
Josef Brejza, Horn; Egidius Streiff, Violine; Sylwia Zytynska, Marimbaphon. Basler Schlagzeug-Ensemble und Mitglieder des Basler Sinfonie-Orchesters; Leitung: Paul Sacher. Aufnahmen im Volkshaus Basel und in der Ref. Kirche Langnau am Albis vom Juli 1998 und im Gymnasium Oberwil BL vom Januar 1991.
Pan classics 510 112

Abkürzungsverzeichnis

AMG	Allgemeine Musikgesellschaft, Basel
BKC	Basler Kammerchor
BKO	Basler Kammerorchester
BMF	Basler Musik Forum
BOG	Basler Orchester-Gesellschaft
CMZ	Collegium Musicum Zürich
IGNM	Internationale Gesellschaft für Neue Musik
IRCAM	Institut de Recherche et Coordination Acoustique / Musique (Paris)
O.J.B.	Orchester Junger Basler
SCB	Schola Cantorum Basiliensis

Personenregister

Seitenzahlen in halbfetter Schrift verweisen auf Abbildungen

Dank

Das Zustandekommen dieses Buchs verdanke ich in erster Linie Paul Sacher selber. Er hat in zahlreichen «Sessionen» seine Erinnerungen wieder aufleben lassen und auch Einblick in seine reiche Photosammlung gewährt. Die meisten Photos stammen denn auch aus Sachers Sammlung.

Die wissenschaftlichen Mitarbeiter und Archivarinnen der Paul Sacher Stiftung waren mir bei der Bereitstellung der Dokumentationen behilflich.

Danken möchte ich für die genaue Abschrift der Tonbandgespräche durch Margrit Neff, für das sorgfältige Lektorat durch Dr. David Marc Hoffmann und für die produktive Zusammenarbeit mit dem Grafiker Peter Brenneisen.

Dr. Klaus Schweizer hat mir beim Durchlesen des Manuskripts wertvolle Hinweise gegeben. Meiner Lebenspartnerin Eva Dietschy danke ich für ihre Anregungen, Hinterfragungen und ihre Geduld.

Schliesslich sei dem Verlag Schwabe ganz herzlich gedankt für die spontane Bereitschaft, das Buch über Paul Sacher herauszugeben.

Jürg Erni